伟大
也要有人懂

一起来读王阳明

伍鸿亮 著

中国少年儿童新闻出版总社
中国少年儿童出版社
北 京

图书在版编目（CIP）数据

伟大也要有人懂：一起来读王阳明 / 伍鸿亮著. --北京：中国少年儿童出版社，2024.2
ISBN 978-7-5148-8493-7

Ⅰ．①伟… Ⅱ．①伍… Ⅲ．①王守仁（1472-1528）－传记－青少年读物 Ⅳ．①B248.2-49

中国国家版本馆CIP数据核字(2023)第247455号

WEIDA YE YAO YOUREN DONG
YIQI LAI DU WANGYANGMING

出版发行： 中国少年儿童新闻出版总社
　　　　　　中国少年儿童出版社

执行出版人：张晓楠

责任编辑：叶 丹　王志宏　王 燕	审　　读：齐 菁
美术编辑：许文会　张 璐	责任印务：李 洋
助理编辑：罗 蔚	责任校对：杨 雪
装帧设计：瞿中华	封面绘画：王华安

社　　址：北京市朝阳区建国门外大街丙12号　　邮政编码：100022
编　辑　部：010-57526809　　　　　　　　　　总编室：010-57526070
发　行　部：010-57526258　　　　　　　　　　官方网址：www.ccppg.cn

印　　刷：北京利丰雅高长城印刷有限公司

开本：720毫米×1020毫米 1/16	印张：9.75
版次：2024年2月第1版	印次：2024年2月第1次印刷
字数：243千字	印数：1－10000册

ISBN 978-7-5148-8493-7　　　　　　　　　　　　定价：43.00元

图书出版质量投诉电话：010-57526069，电子邮箱：cbzlts@ccppg.com.cn

序

中华优秀传统文化是我们的灵魂和血脉，是中华民族最深沉的精神追求。阳明心学就是其中璀璨的瑰宝。2015年全国两会期间，习近平总书记说，王阳明的心学正是中国传统文化中的精华，是增强中国人文化自信的切入点之一，作为中国人，不可不知王阳明。

在增强文化自信的过程中，阳明心学是一份极其珍贵的文化遗产，是一座取之不尽、用之不竭的精神宝库。阳明心学倡导的"心即理""致良知""知行合一""一念发动处便是行"等凝结着智慧与道德的思想命题，是实现中国传统文化创造性转化与创新性发展、实现中国传统文化价值现代转换的一个思想源泉，依然可以在今日引导人心发扬光大。

当今世界，人类遇到了前所未有的危机。资源枯竭、环境污染，道德滑坡、信仰缺失、社会不公……究其根本原因，都是一个"贪"字。人类的贪心，导致了世界范围内的各种深层次的矛盾与危机。回顾人类社会的历史发展进程，如何把握好这颗"心"，让它不至于被"贪"蒙蔽，失去其原本就有的良知和理智，王阳明给出了他的答案。这也是阳明心学之所以在历史上能实现世界性传播并且影响深远的原因。

当今中国，研读阳明心学可以促进马克思主义与中国传统文化相结合的理论创新；可以架起中华优秀传统文化与社会主义先进文化沟通融合的桥梁；可以在以人类命运共同体的历史与现实的审视维度下，彰显其体现人类命运共同体的思想智慧，从而发挥其在当代中国社会实践中的指导作用。

就个体的中国人而言,为什么不可不知王阳明?

因为,人人都要努力地追求,去实现人生价值。这是中国精神、中国价值、中国力量。王阳明在立德、立功、立言的过程中对中华文明的终极追求和自我超越,充分体现了中国人的宇宙观、价值观和伦理观。王阳明"知行合一",倾其一生都在追求真理。追求的过程是"无我"的,不是为了自己,而是为了人类。所以,中国人人人都应该读王阳明,读懂王阳明,读懂他带给我们的启示:人生的价值就在于对真理的不断追求。

王阳明说,"一念发动处便是行",更是在"上善若水"基础上的发于内心的道德要求。

所以,阳明心学不仅是当今学界需要深入研究的领域,大众传播更加不容忽视。在普通大众心中,在每一个男女老少心中,特别是在少年儿童的心中,让为国为民、追求真理、知行合一、道德高尚成为每个人的精神追求。

《一起来读王阳明》作为"伟大也要有人懂"系列图书的新成员，沿袭了系列图书的精髓和体例，通过设问的方式，提出了诸如"怎样立志才能有最好的效果？""成为圣人最简单的道路是什么？""如何通过'悔悟'来搭建自己进步的阶梯？"等17个问题，深入浅出地诠释了王阳明积极向上的心学思想，扼要生动地阐释了王阳明极其传奇的一生，是一本涵养思想与道德的青少年思政类图书。

全国政协文化文史和学习委员会副主任
中国版权协会理事长

目 录

第一章
001 少年王阳明认为第一等人
应该是什么样的?

第二章
009 王阳明教育儿子的
秘籍是什么?

第三章
017 王阳明认为怎样立志
才能有最好的效果?

第四章
025 王阳明认为成为圣人
最简单的道路是什么?

第五章
033　为什么王阳明认为
　　坏人也有"良知"呢？

第六章
041　为什么说王阳明的定心之术
　　是从监狱开始修炼的？

第七章
051　为什么说王阳明三年龙场的苦难，
　　为他铺就了后来二十年的辉煌？

第八章
059　王阳明作为朝廷的官员，
　　如何抗命免去了一万多两捐税？

第九章
067　王阳明认为怎样
　　才能交到真正的朋友？

第十章
075　王阳明如何运用"良知"
　　做到神机妙算的?

第十一章
083　王阳明平定宁王叛乱却被责骂,
　　他为何一点儿都不在乎?

第十二章
091　王阳明带兵打仗
　　能够以弱胜强的法宝是什么?

第十三章
099　王阳明如何通过"悔悟"
　　来搭建自己进步的阶梯?

第十四章
107　为什么说王阳明一生有
　　成雄和成圣两种状态?

第十五章
115 王阳明如何以"恶有恶报、
善有善报"最大的天理做官的?

第十六章
123 王阳明的"知行合一"仅仅是
针对"书呆子"和"蛮干人"吗?

第十七章
131 王阳明认为做好人好事的
最高法则是什么呢?

附录
140 王阳明的"七"句名言

第一章

少年王阳明认为第一等人应该是什么样的?

1472年的一天，岑奶奶梦见神仙驾着五彩祥云给自己送来了孙子，这个随着仙人送子之梦而出生的婴儿，就是后来大明王朝的一代传奇人物——王阳明。

1482年的春天，王阳明跟着爷爷王伦来到京城。此后不久，他便被父亲王华送到了京城一个较有名气的私塾读书。在学校里，王阳明的成绩第

贪玩、调皮的小阳明非常喜欢思考问题　　王家训　画

一，但调皮捣蛋也是第一，尤其令老师头疼的是，他喜欢问一些古怪的问题。

一天，上课时，他突然站起来，问："老师，人活在世上，做什么事情才能算是第一等人呢？"

老师怔了一下，想了一想，说："像你父亲那样，中状元当大官，算是第一等人了！"

王阳明听后，不以为然地说："这参加科举中状元的人，每朝每科都有，怎么能算是人间第一等人呢？"

老师又怔了一怔，问："那你认为什么样的人才是第一等人呢？"

他微笑着答道："惟有做圣贤方是第一等人！"

王阳明做圣人的志向，在他与老师探讨"天下何为第一等人"时，就已经立下了。

1489年初，王阳明拜访大儒娄谅，娄谅热情地鼓励他说："圣人必可学而至！"这更加坚定了青年王阳明光大圣学、争当圣贤的使命感！"圣贤"之树，已经在王阳明的心中茁壮成长！

从那时起，王阳明的"圣贤"之志再也没有动摇过，不管是在两次科举考试失败之后，还是在金榜题名之时；不管是被贬到蛮荒绝境，还是被发配到边远小县；不管是被闲置在滁州养马，还是被骤然起用带兵破贼，他始终没有停止过研究圣学、宣讲圣理、修炼圣德的努力！

何为圣人呢？王阳明认为，就是能够"扩大公无我之仁"的人，用今天的话讲，就是能够"全心全意为人民服务"的人。

王阳明立志做圣人的目标是什么呢？就是"康济天下"，能"共明良知之学于天下，使天下之人皆知自致其良知"！

王阳明认为人心中的良知，就是所谓的圣人。修习圣人之学，唯一的目的，就是要扩充和光大心中的良知，让全天下的人都懂得致其良知。他把人分为三等：

第一等为圣人，能够完全依靠"自觉"，自然而然地达到良知境界的人。

第二等为贤人，也就是能够"勉然而致"的人，以自觉为主，需要适当辅以鞭策激励的人。

第三等是愚而不肖之人，即"自蔽自昧"之人。这类人的良知已完全被私欲蒙蔽，堪称病入膏肓，无论你如何教育、如何鞭策、如何警示都已不起作用。

王阳明把社会也分为三等：

第一等是大同社会。在这样的社会里，人民的感受是什么样子呢？一是人人有公心。"大道之行，天下为公。"二是人人有仁爱之心。"不独亲其亲，不独子其子。"三是人人有安全感。"老有所终，壮有所用，幼有所长，鳏寡孤独废疾者，皆有所养。"具备这三大特征，可以看出，整个社会之正能量方能占绝对优势。

第二等是小康社会。这样的社会也有三个突出特征：一是人的公心明显减少，私心明显增加。"大道既隐，天下为家。"二是集体精神明显弱化，个人主义明显抬头。"各亲其亲，各子其子。"三是家国情怀中，国的元素在减少，家的元素在增加。"以正君臣，以笃父子，以睦兄弟，以和夫妇，以设制度，以立田里，以贤勇知，以功为己。"由此三大特征，可以看出，整个社会正能量仅能占相对优势了。

第三等是衰薄社会。这种社会的突出特点是，是非颠倒、美丑颠倒、善恶颠倒、真假颠倒，荣其所不荣，耻其所不耻，整个社会的正能量已难以抗衡负能量。其具体的表现就是：好人怕坏人，君子怕小人，人间正道，已不再是沧桑！

大道至简！作为"概念"的阳明心学确实是很简单的，很多人能一看就知，一学就会。但作为"道"的阳明心学却是很广大、很精微的。广大得就像茫茫宇宙一样，无边无际；精微得又像庄子所讲的，"一尺之锤，日取其半，万世不竭。"

王阳明的画就像他的思想一样，既简易直截又精微玄妙

毛泽东青年时期便受王阳明很大影响，发出"名世于今五百年，诸公碌碌皆余子"的感慨，叹息王阳明之后再无来者。他在湖南省立第一师范学校研读心学的力作《心之力》，开篇点明"宇宙即我心，我心即宇宙"。毛泽东后来所说的"群众路线"，也即"到人民中去'求良知'"。

当近代日本被美国用坚船利炮打开了国门之际，王阳明的心学对其崛起也起到了重大的作用。章太炎说："日本

〔明〕王阳明 画

维新，亦由王学为其先导。"日本天皇的老师高濑武次郎如此盛赞阳明心学："我邦阳明学之特色，在其有活动的事业家，乃至维新诸豪杰震天动地之伟业，殆无一不由于王学所赐予。"

王阳明自少年时立下圣人之志后，一直是"脚踏两只船"，一脚踏在官场上，一脚踏在学场上。踏在官场上，他为的是能够实现自己的"现世使命"，从他的每一道公文、每一项决策、每一个思路，都可以看出他是在为国家立功，为人民服务。踏在学场上，他为的是能够实现自己的"万世使命"，用讲学的方式，随时随地撒播圣贤之学的种子，以拯救人心，觉醒灵魂，光复良知！

第二章

王阳明教育儿子的
秘籍是什么?

钱德洪《阳明先生年谱》记载，王阳明生下来之后"五岁不言"。过了五岁，王阳明还不开口说话，家里人都很着急，但王阳明的爷爷王伦却对这个孩子很有信心。他天天把王阳明带在身边，相信奇迹终会出现。

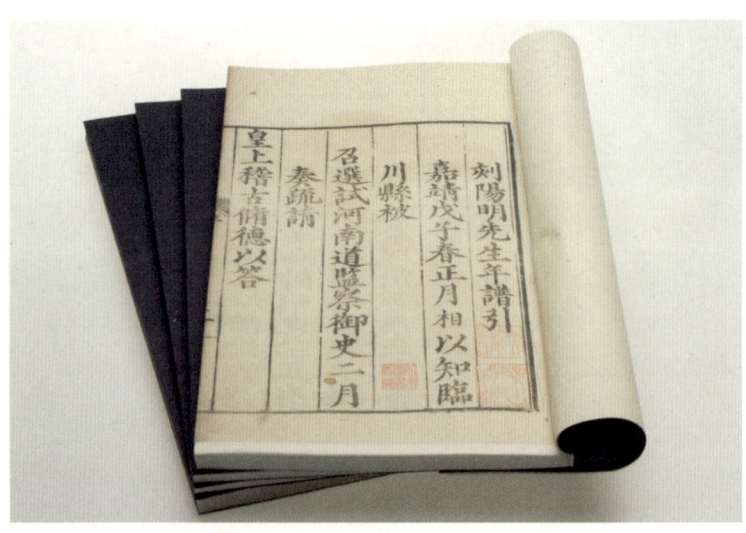

《阳明先生年谱》（明嘉靖刻本）

这天，王伦提笔写字，写完就在念叨"大学之道"，可迟迟没有下文，旁边的王阳明急了，突然朗声诵道："大学之道，在明明德，在亲民，在止于至善。知止而后有定，定而后能静，静而后能安……"王阳明终于开口说话了，而且说的是儒家经典《大学》。爷爷王伦惊喜万分，问他怎么会背的。他说爷爷平常带他在身边，爷爷在那里诵读，他耳濡目染，自然铭记在心。爷爷再问他一些其他经典，结果王阳明张口就来。

真是不鸣则已，一鸣惊人！这里，可以看到在家庭教育中，王伦的陪伴教育是非常重要的。在对王阳明的教育中，爷爷功不可没。他父亲高贵的人品，更是对其成长产生重要影响。

话说王阳明的父亲王华六岁时，与村里的一群小伙伴在河边玩耍。这时，一个醉汉来到河边洗脚，洗完后便摇摇晃晃地走了。等他走后，王华发现河边有一个钱袋子，他打开一看，里面竟然有几十锭黄金。王华想，这一定是醉汉丢下的，等他酒醒了，不知道该有多着急呢！眼看着太阳落山了，王华没有同小伙伴一起回去，而是静坐在河边等待醉汉归来。

果不其然,那醉汉一边大哭,一边向河边赶来了。王华迎上去,举着钱袋说:"大叔,你看看,这是你丢的钱袋吗?"醉汉欣喜若狂地接过袋子,打开一看,里面分文未少,他随即取出一锭金子说:"小朋友,非常感谢你,这锭金子送给你吧。"王华笑着拒绝说:"大叔,你数十锭金子我都不要,还会要你一锭金子吗?"醉汉听了非常感动,对着王华深深地鞠躬。

三岁看大,七岁看老。王华是那个时代德才兼备的典范,后来高中状元,被聘为皇帝的日讲官,也是孝宗皇帝最推崇的讲课老师。名臣杨一清评价王华"学一出于正,书非正不读"。他认为王华一身正气,旁门左道概不能打动他。王阳明之所以能为中华民族种上"良知"之树,与其父亲王华身教胜于言教的教育真谛是分不开的,上行下效,由此可见,潜移默化才是教育的好方式。

那么,王阳明教育思想的纲领是什么呢?他认为,"学校之中,惟以成德为事。"就是说,学校的主要使命是以培养学生的品德为第一要务,他强调要把"德育"摆在第一位。

王阳明曾说,种树者必培其根,种德者必养其心。他的课堂生动有趣,吸引了无数学子

　　王阳明批判他所处的时代,认为那个时代教育出现的问题可以用三个字概括,即"杂、伪、躁"。所谓"杂",就是学习的内容繁杂,既冲淡了主题,又分散了精力。所谓"伪",就是教育的方向偏了,人们为了功利,互相争斗抢夺,祸害无穷。所谓"躁",就是无论教师还是学生,都处于一种功利性的浮躁之中。这种浮躁,究竟到了什么程度?王阳明描绘为:"世之学者,如入百戏之场。"我们不难想象,这种情状下的学校,像一个戏台,学者就像戏子。

　　教育沦落到了这种地步,又怎能不令王阳明痛心疾首呢？所以，他在《答顾东桥书》中一言以蔽之："要以培养学生的品德为第一要务！"

作为一位伟大的教育家，王阳明的教育理念不仅在那个时代是先进的，在今天也仍然是先进的。他讲："今教童子，必使其趋向鼓舞，中心喜悦，则其进自不能已。"他认为教育小孩子，一定要顺着他们的天性，以鼓励为主，引导他们真正地把学习当成一种乐趣，这样，他们就会不断地进步。

王阳明非常疼爱自己的儿子，特别重视对孩子的教育问题。针对儿童的天性特点，他还模仿《三字经》的样式，特地为儿子写了一篇教育铭，也就是《王阳明家训》（又称《示宪儿》三字诗）：

王阳明尊重孩子喜欢玩耍、不受约束的天性，并善于引导式教育　　王家训 画

幼儿曹，听教诲：勤读书，要孝悌；学谦恭，循礼仪；节饮食，戒游戏；毋说谎，毋贪利；毋任情，毋斗气；毋责人，但自治。能下人，是有志；能容人，是大器。凡做人，在心地；心地好，是良士；心地恶，是凶类。譬树果，心是蒂；蒂若坏，果必坠。吾教汝，全在是。汝谛听，勿轻弃。

尽管时间已经过去了五百多年，但这篇教育铭文，至今读来仍朗朗上口，浅显易懂，从中也道出了他对儿童教育的远见卓识：

其一，教育孩子一定要先从"心"上下功夫，从引导做人开始。孩子的心原本是一块净土，可谓种什么长什么。你在他的心中播下"恶"的种子，他就会朝着坏的方向成长；你在他的心中播下"善"的种子，他就会朝着好的方向成长。

其二，教育孩子一定要从日常生活抓起，特别要注意培养好的言行习惯。如不说谎话，不争强好胜，不暴饮暴食，不过分沉溺于游戏打闹，说话要和气，对父母要孝顺，对兄弟要友爱,等等。

其三,教育孩子一定要培养他的"自治"能力。胜人者力,自胜者强。如何才能把自己的孩子培养成一个强者,王阳明告诉你,就要在"谦下"和"宽容"上下功夫。通过培养其谦虚的心态,以涵养其大志;通过培养其宽容的心态,以扩大其格局和器局。

王阳明是一代伟大的思想家、教育家,他强调要把"德育"摆在第一位;教育孩子,一定要寓教于乐,要多鼓舞鼓励,使其"中心喜悦",从而自我加压、自我前进;对求学的学生,他则注重随机点化,注重个性化施教。

阳明先生画像　　　〔明〕蔡世新　画

第三章

王阳明认为怎样立志才能有最好的效果?

王阳明一生，最看重的是立志，平时给学生、同事念叨得最多的也是立志。他给弟弟王守文写的《立志说》，开篇便讲："夫学，莫先于立志。志之不立，犹不种其根而徒事培拥灌溉，劳苦无成矣。""夫志，气之帅也，人之命也，木之根也，水之源也。"

那么，立志最可贵的是什么呢？

一棵树，在它刚刚生长不久时，往往会长出很多繁余的枝条，如果不把这些繁枝剪掉，这棵树是长不高的；反之，如果及时地把多余的枝条修剪掉，并着重培植它的根本，则这棵树就会长得粗壮而高大。这

就是王阳明推崇的"立志贵专一",他认为一个人立志,最可贵的是能够专一。

那是一个秋日的黄昏,金风送爽,枫红似火,夕阳把一条余江映照得灿然无比。王阳明与薛侃、伯生、崇一等几个学生到江边散步。

突然,他们看见一条船偏离了航线,向岸边一块大石上撞去,几个人忍不住惊呼起来。船上昏昏欲睡的艄公被众人一喊,猛然惊醒,迅速地摆正了舵向……避免了一场

陈石 画

王阳明说,求学问必须有头脑,这个头脑就像船上的舵一样,一旦偏离航向,就要及时纠正

悲剧的发生！

看到大家惊魂未定，王阳明说："刚才的悲剧之所以能够避免，是因为船上有个舵，我们一喊一提醒，它的方向便纠正过来了。一样的道理，求学问必须有个头脑，这个头脑就是这船上的舵。有了这个舵，即便你一时偏离了航线，但一经提醒，便会立即得到纠正；反之，如果没有这个舵，一旦出现差错，方向扭不过来，你费的功夫越大，便错得越离谱。人生如船，一个人要想不走错路，就必须头脑清醒。只有这样，才能一分功夫，一分着落；否则，便可能是一分功夫，十分失落！"

王阳明告诉他的学生们立志要抓住方向，才能走上阳关大道。那么，仅仅是习得知识就是走上了阳关大道吗？

在一个暮春的早晨，草长莺飞，百花争奇。一个名叫乔白岩的人，准备出发到南京赴任。临行前，他特意找到了王阳明，请教圣学之道。王阳明赠予了他三句话，共九个字的箴言。

第一句是："学贵专！"

乔白岩听后连连点头，说："太对了！我青少年时期喜欢下棋,简直到了废寝忘食的地步。那个时候,除了棋子和棋盘,我眼里没有别的东西,耳朵里也没有别的声音。如此,在一年时间里,我就成了乡里下棋第一人;在三年时间里,全国范围都难以找到对手了。这就是学贵专的好处啊!"

王阳明摇摇头,笑着又说出了第二句箴言:"学贵精!"

乔白岩听后又是连连称赞,说:"太好了!等我长大以后,便喜欢上了诗词歌赋,每一个字都得推敲,每一句话都得琢磨。几年下来达到了汉魏文章的境界。这就是学贵精的好处啊!"

王阳明淡淡地笑着说出了第三句箴言:"学贵正!"

乔白岩听后想了想,说:"我中年以后开始仰慕圣贤之道。对于自己过去迷恋于下棋和诗词歌赋,浪费了光阴,很是后悔。的确,我所学很多、很杂,可为什么总感觉生活得很茫然呢?先生认为该怎么办呢?"

王阳明点了点头,说,"你学下棋,可以称之为学习;学诗词歌赋,也可称之为学习;学圣人之道,还可以称之为学习。尽管如此,这三种学习的目标却差距很远。道,就是通向目标的阳关大路。至于大路以外的荆棘小路，是很难达到目标的。因而，只有专注于圣人之道，才能称之为专；只有精通于圣人之道，才能称之为精。"

乔白岩恍然大悟道："一个人立定了圣贤的志向，就像是一身精气有了统帅。一个人的强大，是心的强大！"

这回，王阳明笑了，他说："你过去专注于下棋，而不专注于圣人之道，那只能称之为'专溺'；你过去精通于文辞技能而不精通于圣人之道，那只能称之为'精僻'。圣人

王阳明对学生说，立志就是要专注于圣人之道　　刘远征 画

之道，至广至大，根本就不是文辞技能所能涵盖的。想要从文辞技能上追求圣人之道，那离圣人之道就会越来越远。"

世间万物的发展，是受多种客观条件的影响和制约的。在这种"多"的诱惑、动摇乃至打击下，要守住一个"一"，是很不容易的。没有高远的情怀，没有坚定的意志，没有顽强的定力，都是不可能做到的！

在王阳明的人生旅途中有两次失败的会试。第一次，他二十二岁，那时王阳明踌躇满志，本以为不得第一，也会得个第二，没想到却名落孙山。第二次，二十五岁的王阳明，一心想着东山再起，一跃龙门，从此可以指点江山，没想到还是落榜而归。

在唯有科举定终身的封建社会，连连落榜算是一个读书人最大的不幸了。张榜时看到自己名落孙山，有人为之捶胸顿足，甚至有人为之寻死觅活。同样有落榜的同学来安慰王阳明，王阳明却轻松地说："世人都以自己没有考中为耻辱，我却以因为自己没有考中而动摇心志为耻辱！"

王阳明真没把人人看重的科举应试当成人生第一等事。他之所以致力于科举，是因为成圣之路需要"为生民立命、为万世开太平"的平台。

四百年后,二十四岁的毛泽东探讨本源问题,在给黎锦熙的信中说:"今吾以大本大源为号召,天下之心其有不动者乎?天下之心皆动,天下之事有不能为者乎?天下之事可为,国家有不富强幸福者乎?"青年毛泽东以其宏大的志向,将"本源"从治学推至治国、平天下的高度。无论是治学,还是治国,都需要抓住根本、培植根本、强健根本。立圣人之志,乃天下之大本也!

第四章

王阳明认为成为圣人最简单的道路是什么?

尽管"圣人"这个词在中国耳熟能详,但对具体标准的论述,并不是太多。只有到了王阳明,圣人的标准才真正变得简单、具体、实在了。他把圣人从先前的不可企及的神圣性中解放出来,使其成为深入亿万民众心灵并发生作用的力量。

王阳明关于圣人的启蒙教育源自小时候的一次偶遇。

一天,他放学后,和几个同学看到有人在卖麻雀,几个人的心立刻像被麻雀搔了一样,也想买几只玩玩。可搜遍了口袋,也没有找出几个钱。

怎么办?王阳明灵机一动,便将几个同学叫到一旁,密授了自己的妙计。一会儿,几个人按照分工,迅速分散到了卖麻雀人的四周。

突然,一个同学对着卖麻雀的大喊:"不好了,不好了,麻雀飞跑了!"

卖麻雀的正在打盹儿,听到喊声,猛地一惊:"啊?飞跑了?往哪儿飞了?"

"东边,往东飞了。"

"不对,又往西飞了。"

卖麻雀的晕头转向,被王阳明安排的两个同学忽悠得团团转。另外两个同学,则趁乱打开了笼子,取走了几只麻雀。

这一切,都被旁边的道士看在眼里。当王阳明正

淘气的孩子打开了麻雀笼　　　　王家训　画

得意于自己的诡计得逞，准备和同学们带着战利品回家时，道士拦住了他，说："小同学，你身上有圣人气象！"说罢，道士又掏出几文钱塞到他手里，嘱咐道："读书人当自重自爱，万不可以诈术骗人！"

道士的一番话，让王阳明既兴奋，又羞愧。他领着几个同学真诚地向卖麻雀的人道了歉，然后赔付麻雀钱。后来的几天时间里，王阳明都陷于一种沉思之中……

什么是圣人？

圣人是干什么的？

"对了，父亲不是老叫我读圣贤书吗？那里面一定有我要找的答案。"于是，王阳明钻进父亲的书房，广泛涉猎，寻找自己心中理想的答案。

这天，当他看到张载的"为天地立心，为生民立命，为往圣继绝学，为万世开太平"时，立即被深深地震撼了：这难道不就是"圣人"的标准吗？这难道不就是"圣人"的使命吗？圣贤，只有圣贤，才可以依靠其思想和精神影响千秋万代，主宰世人之心！

"我也要当一个圣人！"一个如春雷般滚滚的天音，在王阳明幼小的心灵中响起……

张载认为，人生在世上，就要尊顺天意，立天、立地、立人，努力达到圣贤的境界。王阳明在他苦苦追求圣贤境界的一生中，从道德的角度提出了"纯乎天理"四个字。

王阳明所定义的"圣人"，就是指一个人的道德修养到

立天、立地、立人，这也是王阳明追求的圣贤境界　　　　袁泽兵　画

了"纯乎天理"的境界,实质上就是到了"大公无私"的境界。

那么,在王阳明眼中,圣人的标准为什么只能是道德品质呢?

王阳明用我们常见的金子来作比喻。他把金子比作人,把精金比作圣人,他认为精金之足色在于成色而不在于分量,就像炼精金,只要在提高纯度、成色上下功夫就行了。假如有人在炼金的时候,不求纯度,而只是一味地求分量,把铜、铁等都掺和进去,炼来炼去,分量虽然越来越重,但纯度却越减越低,减到最后,就不成其为金子了。

在缺乏道德指引和良知光照的情况下,一个人的知识越多,才能越大,很可能对社会的危害性也就越大。

王阳明对当时社会流行的重才轻德的现象提出了坚决的批评,他说:"现在,许多人不懂得'作圣之本'是纯乎天理,一个劲儿地在知识才能上下功夫,以为圣人就是无所不知、无所不能的人,这实在是一个天大的误区。无所不知的人,只能算是智人;无所不能的人,只能算是能人。要学做圣人,只要在去私欲、存天理、讲良心上下功夫就行了。"王阳明认为德性的完满是圣人人格的唯一要素。

通常的看法，要成为圣人，必须具备极高的天赋、极强的能力，乃至极高的社会地位，等等。但王阳明不这么认为。在他看来，一个再平凡的人，只要具有中等资质，只要肯学习上进，使自己的心"纯乎天理"，就可以成为圣人。这就好比一两金子与万两金子，分量虽然相差悬殊，但因为纯度、成色都达到了标准，也就都算是"精金"。

王阳明的这一观点，往上回溯，与孟子的"人皆可以为尧舜"血脉相通；往下传承，与毛泽东的"群众是真正的英雄"血脉相贯。

毛泽东1939年在《纪念白求恩》一文中作了进一步的提炼和升华，他说："我们大家要学习他（白求恩）毫无自私自利之心的精神。从这点出发，就可以变为大有利于人民的人。一个人能力有大小，但只要有这点精神，就是一个高尚的人，一个纯粹的人，一个有道德的人，一个脱离了低级趣味的人，一个有益于人民的人。"

这种人，如张思德、雷锋、王进喜、欧阳海，等等。他们的地位都不高，属于普通战士和工人；他们的文化程度也不高，但他们都具有"圣人"的根本特征——"大公无私"，即处处为别人着想，从不计较个人得失。他们光辉的品质和高尚的行为，感化和影响了一代人乃至几代人！

　　我们可以看到，王阳明的圣人观，就是把道德性作为理想人格的唯一标准，使理想人格成为百姓生活中能够实现的思想飞跃，从而使有限的生命与高尚的追求、平凡的事业与伟大的品德跨越了被认为是不可逾越的鸿沟，实现了空前的统一。

第五章

为什么王阳明认为坏人也有『良知』呢?

如果把阳明心学比作一顶皇冠，那么，"良知"就是皇冠上的明珠。王阳明把"良知"一词从孟子博大的心海里打捞上来，并赋予它新的内涵。

王阳明认为："天理之在人心，终有所不可泯，而良知之明，万古一日。"他悟到了，良知、天理，就像太阳一样，照耀着每个人的心。

但是，良知真的能永恒吗？不管是什

良知的光明，就像天上的太阳一样，万古不灭　　陈石 画

么人，好人、坏人、恶人、善人，其心中都有良知存在吗？

王阳明的回答是非常明确的："即便是一个十恶不赦的盗贼，他也知道自己的偷盗行为是不应该的。你喊他是贼，他也会不好意思。"

一个深秋的夜晚，王阳明正在巡抚衙门里与几个学生探讨学问，其中一个学生始终弄不明白良知是什么？尤其搞不明白，为什么坏人心中也有良知存在？

正在这时，一个卫兵来报告：抓到了一个小偷，请问如何发落？王阳明心中一亮，对学生们说："走，我带你们去见识见识良知！"说着，他便带着学生们来到了关押小偷的地方。王阳明看了小偷一眼，故作愤怒地喝道："把衣服脱了！"

众人都迷惑不解，小偷更是战战兢兢。在王阳明威严的目光逼视下，小偷赶紧脱掉了外衣。

接下来，王阳明不停地叫"脱"，直到小偷脱得只剩下一条短裤。

这个时候，令人惊讶的事情发生了。不管王阳明如何叫"脱"，小偷都死活不肯再脱，并愤怒地喊道："打我也好,杀我也好,就是不能再脱,这让我感到耻辱!"

王阳明闻此一言,不由得哈哈大笑,他对学生们说:"看到了吧,良知就在这条短裤中!他尽管是个贼,但他更是人,是人就有良知。他之所以要坚决地护住这条短裤不脱,实质就是在护卫自己的良知不致泯灭!"

学生们终于明白了!

那个小偷大哭起来,跪着对王阳明说:"我为了一家人的生计,被迫做了贼,从来没有人看得起我,连我自己也看不起自己。这几年做贼,一旦被抓住,只有挨打挨骂的份,从来没有人说过我还有良知。既然大人您把我当人看,我就不能辜负您的期望。我对天发誓,从今以后,我如再犯此病,就一头撞死。"

王阳明扶起了他,满怀真诚地说:"你能悔悟,千金难买。但愿你今后能光大自己的良知,凡事以良知为标准。我相信,你也会达到致良知的境界的!"

小偷含泪再三拜别而去……

王阳明认为,不仅圣人心中有道德的太阳、道德的种子,而且愚夫愚妇的心中也有道德的太阳、道德的种子。

只不过，圣人的心有如晴天的太阳，没有被私欲的云朵遮蔽；常人的心如多云天的太阳，间或被私欲的云块遮挡；而坏人的心则如同雨天的太阳，完全被私欲的云层遮住了。但不管遮了多大的面积，不管遮了多长的时间，太阳的光芒依然是存在的，良知的种子依然是存在的。一旦有风吹来，拨云便可见日；一旦有水浇灌，良知的种子便可发芽长苗。

"良知良能，愚夫愚妇与圣人同。"良知不分贤愚、不分贵贱地存在于每一个人的心中，这是王阳明对良知"平等性"的形容。

这种平等的特征，被王阳明在教育实践中运用到了极致。这方面，有一个经典的故事。

一个叫杨茂的青年，既聋又哑。这天，他找到王阳明，要求拜师求学。由于他口不能言，耳不能听，王阳明就用纸和笔与他对话交流。

你来我往后，王阳明高兴地说："你的心能明白是非，就说明你的良知之光仍在闪耀，你可以来我这里学习！"

杨茂看了非常高兴，但仍心存顾虑："先生，我家境贫困,身体又残疾,能够像别人一样修习吗?"

王阳明热情地鼓舞道:"你的身体虽然有残疾,但你的心是健康的,你的良知是光明的,你完全具备条件。至于家境的好坏,根本就不是我收学生所考虑的条件。"

"那照先生这样说,我这个残疾人也能迈进圣贤的大门?"

"当然可以!你只要记住,永远以自己心中的良知为师,坚持对父母尽孝心,对国家有忠心,对兄长有敬心,对妻儿有爱心,对朋友有诚心,为人处事有公心,你就是一个圣人了!"

"太阳不灭,良知永恒。"它伴随着每一个生命的始终,这是王阳明的欣然之处,这是整个社会、整个人类的希望之光。

有一次上课,王阳明指着一

个学生说:"每个人心中都有一个圣人存在。你也是圣人。"

那个学生惶恐地说:"学生不敢,老师才是圣人,学生哪敢当圣人。"

王阳明与弟子论学,他告诉弟子,每个人的心中,都有一个圣人　　张文惠 画

王阳明一笑，说："不光你有，我有，大家都有，我们心中都有一个圣人，这不是谦虚的事，这和谦虚不谦虚没关系。"

这说明什么？这不是圣人不圣人的问题，王阳明说的是大家心中那个良知的问题。圣人为中国文化理想人格的典范，儒家提出人可"成为"圣人，而王阳明却是一声惊雷地提出人"本来"就是圣人，让人相信心中本来有个圣人，用"满街都是圣人"唤醒了每个人对良知的信任，然后老老实实地按照良知的指引去做，像爬山一样，不断地向着良知的最高境界攀登！

王阳明为修炼成为圣人，还开出了一个"灵丹妙方"，就是一个字："减！"他告诉学生们："吾辈用功只求日减，不求日增。减得一分人欲，便是复得一分天理。何等轻快脱洒！何等简易！"王阳明的这一修行之法，点明了一个道理：当一个人的心中，私欲被减得干干净净时，天理之光、良知之光也就灿然夺目了！圣人气象也就巍然挺立了！

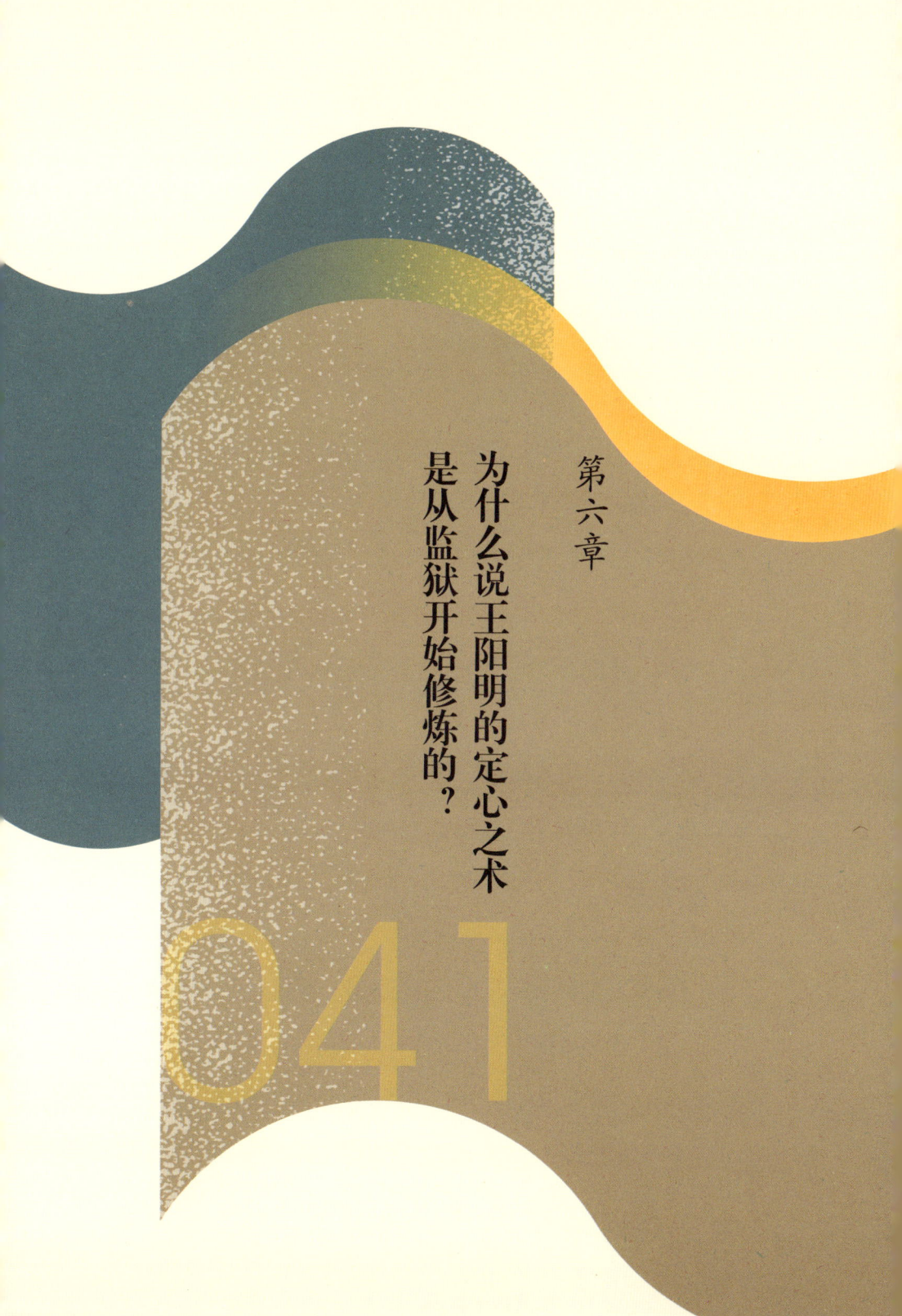

第六章

为什么说王阳明的定心之术是从监狱开始修炼的？

041

王阳明的一生，尽管饱经忧患、饱受磨难、饱受屈辱，但他还是登上了立德、立功、立言"真三不朽"的巅峰境界，这与他强大的定心之功是分不开的。

王阳明的定心之术是从何时何地开始修炼的呢？

曹雪芹评价自己所写的《红楼梦》，是"字字看来皆是血，十年辛苦不寻常"。

多少年后，后人品读王阳明的《乞宥言官去权奸以章圣德疏》，恐怕也是深有同感！

公元1505年，明孝宗朱祐樘暴病而亡，太子朱厚照继承皇位。第二年，年号改为正德。

这一年，皇帝朱厚照为了独揽大权，满足自己纵情玩乐的欲望，突然逮捕了支持文官集团的司礼监秉笔太监王岳、范亨、徐智，逐走了内阁大臣刘健和谢迁。

这一年，刘瑾等一班阉党突然上位，将整个北京城掌握在自己手里。

这一年，以戴铣、薄彦徽为首的二十一名言官因为上奏抨击朝政，被朱厚照下令逮捕，每人责打三十廷杖，扔进了牢房。

这一年，刚刚进入官场六年，仅仅当了个兵部主事的王阳明凭着满腔的忠诚和热血，给皇帝上了一道言辞委婉且完全是设身处地为皇帝着想的奏疏，请求皇帝宽恕并释放戴铣等被抓的言官。同时，对皇帝提出了自己最最殷切的期望："扩大公无我之仁，明改过不吝之勇。"

没想到，王阳明的一番好心被朱厚照当成了"驴肝肺"，得到的是一顿非常绝情的"好生着实打着问"。

刘瑾乱政之前的廷杖，主要是一种侮辱人的形式，所以打屁股时是可以穿棉裤的，甚至可以在朝服下头垫棉衣棉裤，身上可以绑上厚厚的毡子。但是从刘瑾乱政开始，廷杖要扒了裤子打屁股，这就是要往死里打啊！

就这样，王阳明被拖到午门，当着文武百官的面，被扒了裤子狠狠地打了几十廷杖，直打得血肉横飞，只剩下最后一口气，被关押进锦衣卫的诏狱里。

当时的诏狱，是一个极其恐怖的地方。王阳明曾说刑部的大牢是十八层地狱，那诏狱就是在十八层地狱之下的地狱。那里狭小潮湿，臭气熏天，且终年不见阳光。加之王阳明入狱时已是十一月，天寒地冻，遍体鳞伤的他面临着"肉体的毁灭"和"信仰的破灭"双重危机。

面对这样的绝境，王阳明不得不将自己送给皇帝的两句话"扩大公无我之仁，明改过不吝之勇"收回给了自己。

王阳明坐牢的时间大约为三个月。这段日子，不仅对他的肉体是一种严酷的考验，而且对他的心魂也是一种痛苦的铸炼！

当时的狱中环境究竟苦到了什么程度呢？我们读读王阳明在狱中写的诗就知道了。"天寒岁云暮，冰雪关河迥。幽室魍魉生，不寐知夜永。""高檐白日不到地，深夜黠鼠时登床。""屋罅见明月，还见地上霜。"……身处如此幽苦之境，有的人会愁死，有的人会病死，有的人会疯死，有的人会闷死……

王阳明又是如何顺应这种艰苦环境，开始修炼自己的定心之术呢？

他向周文王学习，在狱中研读《易经》。

囚居亦何事？省愆惧安饱。
瞑坐玩羲易，洗心见微奥。
乃知先天翁，画画有至教。
…………
俯仰天地间，触目俱浩浩。
箪瓢有余乐，此意良匪矫。
幽哉阳明麓，可以忘吾老。

此时此刻，在王阳明心中，监狱已不是监狱，而是幽静、浩茫的研究之地了！

他在向孔子学习，"朝闻道，夕死可矣。"在狱中，王阳明组织几位狱友一起讲学论道。"累累囹圄间，讲诵未能辍。桎梏敢忘罪，至道良足悦。"在狱中，王阳明不仅没有颓废丧志，反而过得充实丰富，培养出了对苦乐的淡定之心，对生死的超越之心。

王阳明深陷诏狱这个极其恐怖的地方,他的心学在苦难中开始孕育　　陈石 画

"箪瓢有余乐，此意良匪矫。幽哉阳明麓，可以忘吾老。"在那阴暗腐臭的诏狱里，王阳明以《易经》为良药，治疗自己的心灵；以诗歌为补药，滋养自己的精神。

他痛醒，面对如此自私冷酷的皇帝，面对如此丧乱的朝廷，自己所怀的那种愚忠报效的目标，那种"致君尧舜"的远大理想，是根本不可能实现的。

他痛悟，既然自己"扩大公无我之仁"的美好愿景不可能靠皇帝实现，不可能靠阉党实现，不可能靠阁臣实现，不可能靠御史实现……那唯一可靠的，就是自己绝处逢生的心了！

尽管这时，"心学"之苗尚未发芽，但"心学"之种已经播下了！

尽管这时，王阳明仍身处囚笼，但他的心已经超越了皇帝，超越了朝廷，超越了朝廷中无休止的争权夺利，超越了世俗价值观所趋向的荣辱升迁……

从此，无论是沧海横流，还是世事纷纭，王阳明都守定"良知"不放松！阳明心学也就从这幽深的监牢中开始孕育……

人世间的苦难让王阳明的心力一天天强大起来,他心向光明,一路乘风破浪

　　人生的觉悟,往往起于苦难。小苦小觉,大苦大觉。王阳明究竟经历了多少苦难呢?皮肉之苦、冤枉之苦、病痛之苦、屈辱之苦、离别之苦、刺客之苦、风餐露宿之苦、

陈石 画

险滩急流之苦、翻山越岭之苦、毒虫瘴疠之苦、语言不通之苦、孤独寂寞之苦、死亡威胁之苦……但是，对于王阳明来说，越是苦难的地方，越能激发心灵的光明，激发思想的光辉。

  人世间的诸多苦难，让王阳明的心力一天天地强大起来，直至强大到足以蔑视一切屈辱、一切苦痛、一切磨难……足以超越一切名利、一切诽谤、一切诱惑、一切生死的考验……

第七章

为什么说王阳明三年龙场的苦难,
为他铺就了后来二十年的辉煌?

龙场悟道，王阳明明白了"心即理"的道理，这使王阳明的心志走出了一人一帝一姓之桎梏，从此与国家、民族、人民的命运紧密地连在了一起！从此，他义无反顾地担起了"为天地立心、为生民立命、为往圣继绝学、为万世开太平"的伟大任务。

同古往今来的大多数读书士子和青年官员一样，王阳明最初的最高理想，就是杜甫讲的"致君尧舜上，再使风俗淳"，其最佳的途径就是"借君行道"。

那个时候，在王阳明的心中，皇帝是多么英明、多么仁慈、多么伟岸、多么宽宏的完美形象！然而，自从直言上谏被当众扒了裤子痛打了几十大板，自从被关进了地狱一般的大牢，自从历经万千磨难到达贵州龙场，自从在流放中耳闻目睹了民生疾苦，皇帝的完美形象彻底地破灭了，代之而起的是一个真实的正德皇帝形象，这个形象满是荒唐与荒淫、残暴与残忍、放浪与放纵、昏庸与昏聩。这个时候，王阳明想到了孔子的教诲："君使臣以礼，臣事君以忠。"对于这样的皇帝，自己还能够将全部的赤心、忠诚奉献上吗？再说，即便你奉献了，人家会领情吗？恐怕也只能是"我本将心向明月，奈何明月照沟渠"。

终于，在龙场一个寂静的暗夜里，王阳明心头电光一闪："圣人之道，吾性自足。"在这个时刻，唯一能够拯救自己的，不是正德皇帝，不是刘瑾，也不是自己的父亲，而是自己强大的内心！他终于明白了，原来救世主就是我自己！

龙场悟道，除了使王阳明心志转变，更重要的是使他的阶级感情发生了变化，即从贵族公子向平民阶级的融合。王阳明在龙场获得新生，其实质就是在人民群众中获得新生。从那时起，他对群众、对百姓的真挚感情就再也没有变化过了。

1508年，王阳明到达贵州龙场，面对几乎与世隔绝的困境，每天都处于毒虫、瘴气，以及饥饿、冷冻的考验之中，个别地方官员还在不断寻衅滋事，有意陷害。因为语言不通，当地的土著苗民也不了解他，对他非常敌视。此时，三个仆人因为生活条件太苦已经生病了，他们准备尽快逃离这个鬼地方，如果王阳明不能主动改变自己的生存环境，那就真是孤身临绝境，只能等死了。怎么办呢？

　　龙场悟道之前的王阳明是什么样子的呢？自从他的父亲王华高中状元后，王阳明便多了一个雅号"状元公子"。从那以后，虽然王阳明过的不是锦衣玉食的日子，但生活还是很富足的，也可以说，他已经是一个名副其实的富家子弟。

王阳明在龙场将"绝境"变成了"神仙之境"

面对当下的困局,王阳明只好放下公子哥的架子,在三个仆人生病时,主动为他们采药,主动为他们熬粥,主动为他们唱家乡的小曲,想方设法逗他们开心……就这样,他的心渐渐地与仆人之心融洽了,他的情渐渐地与仆人之情融合了。三个仆人在他的精心照料之下,很快恢复了健康,也心甘情愿地留了下来。

从三个仆人的转化受到启发,王阳明又主动地走进了基层,走进了群众,走进了当地苗民的生活,与他们聊天,给他们看病,教他们识字和算数。很快,苗民们都把自己

秦修平 画

的孩子送到王阳明处学习知识了,同时也送上了一个雅号"阳明先生"。

既然当了人民的先生,人民又怎么会亏待他,让他住在透风漏雨的地方呢?于是,几十个农户一商量,当即组织一班青壮劳力,砍树锯材,很快地给王阳明盖起几间木楼。就这样,中国历史上著名的"龙冈书院"诞生了。

王阳明将"绝境"变成了"神仙之境",不仅与当地的群众打成了一片,成为鱼水关系,而且还吸引了本地及周边地区的一大批青年人,一起游山玩水,一起饮酒弹琴,一起吟诗作对,一起放歌纵舞,一起静坐修身,一起研讨圣人之学,正所谓——"讲习有真乐,谈笑无俗流。缅怀风沂兴,千载相为谋。"

在龙场以前,王阳明把自己的功业、把天下人的幸福都寄托在皇帝这位救世主身上。悟道后的王阳明彻底明白:自己心中原来的救世主,既救不了自己,也救不了百姓,更救不了天下人的良知和灵魂。既然如此,自己就应该果决地"放小求大",即放弃对一个昏君的小忠诚,转而求对国家、对民族、对亿万人民之大忠诚。如此大忠,必能与

龙场悟道,王阳明超越了"生死",领悟到了生命的真谛　　　　　　陈石　画

天地同久，与日月同辉。

从这个意义上讲，龙场悟道还是一个救赎主体的转换，即将救赎主体从"神仙皇帝"转向自我的一种大彻大悟。由此可见，三年龙场的苦难，实为王阳明铺就了后来二十年的辉煌……

没有当初的非常磨炼，又何来今天的非凡心力！每当王阳明将自己的心绪从龙场的悠悠岁月中慢慢抽出，他就有一种莫名的冲动，他就想告诉世上一切有志之人：不要怕苦，不要怕辱，不要怕累，不要怕痛，这天道永恒是一种平衡！你从前吃了多少的苦，就为你今后铺了多长的路！

龙场悟道是阳明先生自身修养、心性修炼的一个重要转折点，龙场作为阳明心学诞生之地，也是中华文明发展史上的一个重要驿站，它在中华文明的天空中留下了一朵绚烂的云彩。

第八章

王阳明作为朝廷的官员,如何抗命免去了一万多两捐税?

这世上，唯一不变的就是"变"！一切事物，一切人，都处在不停的变动、变换、变化之中。对此，王阳明生发出独到见解："学者惟患此心之未能明，不患事变之不能尽。"作为一个追求圣贤的学者，他唯一担心的是自己的本心不能光明，而不会害怕事情无穷无尽的变化。

　　万变不离其宗。王阳明给他的学生们传授了八个字：随感而应，无物不照。即把自己的心修炼、打磨得像一面明镜一样，则一切事物之来临，一切困难之接踵，都能看得清清楚楚，想得明明白白，并抓住其中的要害和关键，以最简的方法、最小的代价、最快的速度解决之。

　　1510年，王阳明到达江西吉安府庐陵县任知县，那七个月的任职时间，真是让人揪心扯肺的日子啊！

　　那一年，庐陵县经历了不止一场大灾，先是旱灾，接

打磨本心，使之光明，是王阳明一生的坚守　　　　　　　　　　陈石 画

着是瘟疫，后来又是火灾，真正到了民不聊生的地步。可就是在这种苦痛到了极点的情况下，朝廷不但没有减免庐陵县的苛捐杂税，反而比往年增加了三倍。原来，庐陵这个地方本不产葛，却不知被哪个昧了良心的官员莫明其妙地加了一项"葛布税"。葛是一种多年生蔓草植物，其纤维可以用来织制枕巾、围巾等物。

　　起初老百姓因为税负不太高，没有太多的反抗。但自从一个姓王的太监来当税务监察官后，庐陵的赋税连着翻了三倍，由近四千两变成了一万多两，且其中最大的一项就是莫名其妙的葛布税。

这一下，老百姓就开始怨声载道了。王阳明一到任，迎接他的不是彩旗和锣鼓，而是一千多名群众集体上访，强烈要求取消这一不合理的税负。

刚到庐陵的王阳明面对如此不顾百姓死活的朝廷，他的心真是冰冷极了，也愤怒极了。

于是，他冒天下之大不韪，擅自宣布了一个决定：全部免去朝廷滥征的一万多两捐税！老百姓听了，真是心花怒放，千恩万谢，各回各家了。

老百姓虽然都散去了，但是王阳明的麻烦来了。对老百姓的这一合理诉求，王阳明有权接下来，但没有权力擅自决定，因为所有的赋税项目和任务都是由上级政府决定的，到县一级就只有收税的权力。王阳明只是一个七品县令，有什么资格免去国家要收的税种呢？

怎么办呢？王阳明经过一番思索，认准了解决此问题的关键就是那个只图自己享乐、不顾百姓死活的王太监，只有镇住他，压在庐陵县百姓头上的赋税大山才会土崩瓦解。

于是，王阳明给吉安府写了一个报告，主要表达了三个方面的意思：

第一，这项税不合理，而且这不合理的税被中饱私囊。他说，仔细翻看了朝廷的赋税名录，发现庐陵县的很多赋税项目是有人违法添加的。擅自增加的赋税究竟是进了朝廷的府库，还是进了某些人的腰包，是不是应该查清楚？

第二，这项不合理的税会造成很严重的后果。他说，以镇守中官为首的收税大队如狼似虎，已经弄得民怨沸腾，加之这几年庐陵又多灾多难，担心会激起民变。

第三，有什么问题我担着。王阳明义正词严："其有迟违等罪，止坐本职一人，即行罢归田里，以为不职之戒，中心所甘。"如此为民请命的勇气，在当时的官场，恐怕是绝无仅有。

王阳明的这个报告，名义上是给吉安府的，但涉及税政之事，又怎么会不让那个掌管税收的王太监看到呢？果然，那个王太监看到这个报告后，出汗了，背都凉了……

想一想自己在庐陵县干的一桩桩坏事，想一想这个王阳明当年敢"忤逆"刘瑾的勇气，再想一想王阳明在当时的声望，王太监立即同意了庐陵县免税的问题。

这一切，对于一个从前毫无基层工作经验的人来说，应当是很难很难的！王阳明却将此事处理得很有智慧，处理得很有担当。为什么能够被他如此轻而易举地化解呢？这就要回到王阳明所说的这一句话上来，"此心已明"，何变不能应呢！

王阳明曾给位居高官的杨一清建言，他认为："君子之致权也有道。"这个道，就是正道，就是良知之道。如何以道致权呢？王阳明有七个方面很实用的招数：

第一是"立德"，即通过自己的至诚之心来树立威德，而不是威逼强制。

第二是"多辅"，即通过发现、培养大批的仁善之人来辅助自己成就大业，而不是武大郎开店，将大才拒之门外。

第三是"安情"，即通过自己的包容之量来安定人心，而不是以刻薄之心使人惊恐。

第四是"平气"，即通过自己的不争之境去平和人气，而不是以暴躁之气去引发不良之气。

第五是"端向",即通过显示自己坚不可摧的气节来树立鲜明导向,而不是徘徊犹豫,使人困惑。

第六是"摄奸",即通过自己的神机妙策和雷霆手段来

王阳明以良知之道,在民众中树立起值得依赖的形象　　陈石　画

震慑奸邪，而不是松软弱智，任凭歪风邪气蔓延。

第七是"收望"，即通过在民众中树立值得依赖的形象，来达到众望所归的目的，而不是用强行手段施压。

王阳明在一篇精辟的权力论里讲："夫权者，天下之大利大害也。小人窃之以成其恶；君子用之以济其善。"他认为，权力对天下人而言，既有大利，也有大害。小人得到它，就会做出坏事，造成恶果；君子使用它，就会做出好事，造成福报。

王阳明坚信，与志同道合的同志携手施政，良知之学一定会共明于天下，到那时，用天下人之共同良知一定能驱除天下之共同邪恶！

第九章

王阳明认为怎样才能交到真正的朋友？

中国传统社会历来很重视友道,作为大圣人的孔子,更是看重朋友对人生的作用。《论语》开篇就是:"学而时习之,不亦说乎;有朋自远方来,不亦乐乎。"王阳明也说:"自古有志之士,未有不求助于师友。"

1510年,宦官头子刘瑾倒台之后,王阳明在庐陵县令任上迎来了人生的一个大转机。于是,在短短两年的时间里,王阳明连升六级。在如此"春风得意马蹄疾"的情况下,阳明先生却发出感叹:君子唯一担心的,就是自己的圣贤之学修习不到位,至于中举的先后、升迁的快慢,都是不值得过分担心的。

于是,王阳明利用回京住在大兴隆寺的时间,广交朋友、研讨学问,宣传他在龙场所得的学术思想。这期间,他与黄绾、湛甘泉推心置腹地畅谈人生与"圣学",订立的

"三人终身共学之盟"传为美谈。

湛甘泉的友情,让王阳明有"吾道不孤"的感觉,在某种程度上推动了阳明学体系的萌芽。黄绾与王阳明是亦师亦友的关系,王阳明去世后,"良知学"被打成伪学,他多次为王阳明申冤、辩护,要为王阳明平反。为了保护遗孤,他把女儿嫁给王阳明的独子,这样的姻亲,使得王阳明的后代可以延续至今。

的确,如王阳明所认为的,自古以来,凡有志于干一番事业的人,没有不求助于朋友的。那么,如何分辨朋友呢?孔子提出了自己的划分标准,即"益者三友,损者三友。友直,友谅,友多闻,益矣。友便辟,友善柔,友便佞,损矣"。

什么意思呢?孔子告诉我们,好朋友有三种,坏朋友也有三种。那些为人正直、胸怀宽广、见识广博的人,可以成为好朋友;那些做人虚伪、处世圆滑、夸夸其谈的人,则会成为坏朋友。

在孔老夫子解决了交朋友的标准后,王阳明则向我们传授了结交真正朋友的态度及方式,他积一生之实践体悟,介绍了这样两条经验：

第一是善于鼓励、劝勉。王阳明说："大凡朋友，须箴规指摘处少，诱掖奖劝意多，方是。"自从龙场悟道以后，王阳明悟透了人性，明白了人心的本质，是喜奖励而恶指责，喜宽容而恶苛刻，喜脸面而恶羞辱，便逐渐地将一团春意引进并弥漫于自己的内心。

这样，他与朋友探讨学问时，坚持求同存异，并着力发现对方的闪光点，更加注重启发，引导其自悟、自觉和自励。

有一年春天，时任绍兴知府的南大吉找到王阳明，问："先生，我到绍兴府工作也有一段时间了，肯定有一些过失，您为什么一句话也不提醒呢？"

王阳明笑着反问道："你有什么过错呢？"

南大吉便掰着手指头把自己的过错一件一件数落出来。

王阳明笑了笑，说："我要是不教你，你如何能如此了解自己的过错、过失呢？"

南大吉恍然大悟道："良知，是先生经常讲的良知，让我找到了自己的缺点和过错！"

过了几天，南大吉又来了。这一次，他不仅严格地剖

王阳明与朋友探讨学问时,引导其自悟、自觉、自励,从而步入圣贤之门　　陈石 画

析了自己,还问了一个大问题:"一个人,行为上犯了过错,是有目共睹的,可以改正;但如果心里有了邪念,别人看不见,怎么办呢?"

先生抬头看了看碧蓝的天空,说:"从前,因为你心镜没有擦拭干净，即便落了很厚的灰垢，你也感觉不到；现在不同了，你的心镜越来越明净，即便有一点儿灰尘落在上面，你也会很快地察觉到。这个时候，正是你步入圣贤之门的最好时机，恭喜你啊！"

王阳明引导艺术之高、教化艺术之妙，真是令人感叹！很自然，他们成为志趣相投的朋友；很自然，王阳明对南大吉的思想产生了深刻的影响；很自然，南大吉在后来为阳明心学的发扬光大颇著功绩。

第二是能够包容、大气。王阳明率仓促召集起来的两三万"乌合之众"，用四十二天的时间便把宁王朱宸濠的十万叛军打得落花流水，立下了旷世奇功。但由于皇帝的昏庸与顽劣，王阳明不但未得到封赏，反而受到了奸臣的恶毒中伤和迫害。

然而，王阳明还是最大限度地维护百姓利益，苦心、耐心地与群奸周旋。最精彩的一笔是，王阳明以谦虚、真诚之心感化了皇帝身边的大太监张永，不但启发、引导他恢复了内心的良知，还把他变成了"良知学"的弟子。在张永的帮助下，王阳明不但走出了困局，还名正言顺地当上江西巡抚，有了一个为民服务的更大的平台。

王阳明受祖父王伦、父亲王华影响很深，秉持"吃亏哲学"。有一次，王华的一个好朋友不知受何人唆使，向朝廷上了一道奏本，大肆攻击、诬毁王华。很多人劝王华进行反击，都遭到拒绝。

王阳明回京后，听说这件事便愤愤不平，要替父还击。没想到，王华立即制止道："你认为这件事是我的耻辱吗？我这一生本来没有任何耻辱，你现在组织一班人去攻击别人，这种行为，反而是让我蒙受大耻了！"王阳明幡然悔悟。

从那以后，不管受到多少诽谤，不管被泼了多少污水，王阳明都是淡然处之，既不辩驳，更不反击。这种超然和大度，既让那些攻击他的人羞愧，更让一批志同道合的朋友紧紧地团结在他的周围。王阳明建构的朋友圈是一个基于共同价值观而形成的精神共同体，乃至命运共同体，我们从中可以看到他以那颗光明、仁慈、强大的心，以那颗心中蕴藏的能量和灵慧，书写着天心月圆的良知之说。

王阳明的朋友圈是一个基于共同价值观而形成的精神共同体　　　　陈石 画

第十章

王阳明如何运用「良知」做到神机妙算的？

在王阳明看来，宇宙、世界、社会、国家乃至芸芸众生都在不停地变化，唯有两样东西是不会变

人人心中有良知，就像人人眼中有太阳　　　　陈石 画

的：一是每个人的心中都有天然的良知，哪怕是最坏、最恶的人；二是每个人都会敬畏良知，只是程度不一、先后不一而已。

孙子云："攻心为上，攻城为下。"王阳明最擅长的就是攻心之术，而他用于攻心的最锐利的武器，就是"良知"，就是人对良知的那种天生的敬畏之心！

王阳明于1517年初到达赣州后，其剿匪工作面临的第一个难题就是官匪勾结。尤其是自己的巡抚衙门中藏有匪贼的内线，衙门里的一举一动都被匪贼掌握得清清楚楚，以至于处处陷于被动挨打的境地。

怎样才能发现和抓住衙门里的内奸呢？王阳明一边不动声色地盘算，一边暗中观察衙门里的每一个人。

一天上午，正在装作看书的王阳明，突然看到一个做勤杂的老衙役正在偷偷地四处张望，还时不时地想凑近瞄瞄自己书案上的文件。直觉告诉他：这个老衙役不正常！一个在衙门里工作了十几年的人，早该对这个院子里的一草一木、一砖一瓦、一物一件都熟悉了，又何必张张皇皇地四处瞄望呢？尤其是他的眼睛瞥向自己案台时流露出的贪婪之色，更证明其心中有鬼……

到了晚上，王阳明把老衙役叫到了自己的办公处。昏黄的灯光下，老衙役忐忑不安地站在那儿，王阳明对其不闻不问，只是一脸严肃地端坐在太师椅上，居高临下地威视着他。

慢慢地，他发现老衙役的额头上冒汗了，手指在微微地抖动。大约熬了一炷香的工夫，王阳明见时机已成熟，便猛地一拍惊堂木，厉声呵斥老衙役："你是想寻死路还是想走活路？"本已虚耗的老衙役被惊骇得一屁股坐到了地上，连声哭叫着说："老爷饶命，老爷饶命，我给山上的土匪递情报，也是不得已啊！我家里人多，收入又太少，给他们送情报，也就是图点银子补贴家用。"

王阳明见状，知道自己的直觉是正确的了。他严厉地扫视了老衙役一眼，说："朝廷有法度，通匪是要杀头抄家的，你认为我该怎样处置你呢？"此时的老衙役，心理防线已彻底崩溃，只是一个劲儿地叩头，请求饶命……

过了好一会儿，王阳明才慢条斯理地说："本抚是一个仁慈之人，尽管你已是将死之人，但我还是忍不住要给你指一条活路。现在,有一个将功折罪的机会,不知道你愿不愿意要?"老衙役一听这话,一边把头叩在地砖上,一边哭泣着说:"只要能给活路,一定照大人的意思办!如再有二心,天打雷劈,甘受任何刑罚。"

就这样,王阳明成功地把土匪埋在自己身边的内线变成了自己的眼线。老衙役呢,也很快地由单面间谍变成了双面间谍,只不过,他送给土匪的情报从此都变成了假的,送给王阳明的情报都是真的了。

就这样,一场前所未有的剿匪战就从王阳明心中的一缕良知之光和直觉之神中拉开了胜利的序幕!

王阳明说:"心,是身体的主人。人心中那种原始的、浑沌的、真切的直觉,就是所谓的本来就有的良知。"这里给出的答案就是:良知是心中的一种"虚灵明觉"。这种虚灵明觉,其实就是人心中的那种原始的、浑沌的、朦胧的,而又往往比较真实的直觉。这种直觉是先天赋予的!

那么,达到了"致良知"的境界,又会怎么样呢?遭到巨变的表现为:每逢大事有静气,不慌不忙。逢遇绝境的表现为:人生达命自洒落,不惶不馁。

> 问君何事日憧憧
> 烦恼场中错用功
> 莫道圣门无口诀
> 良知两字是参同

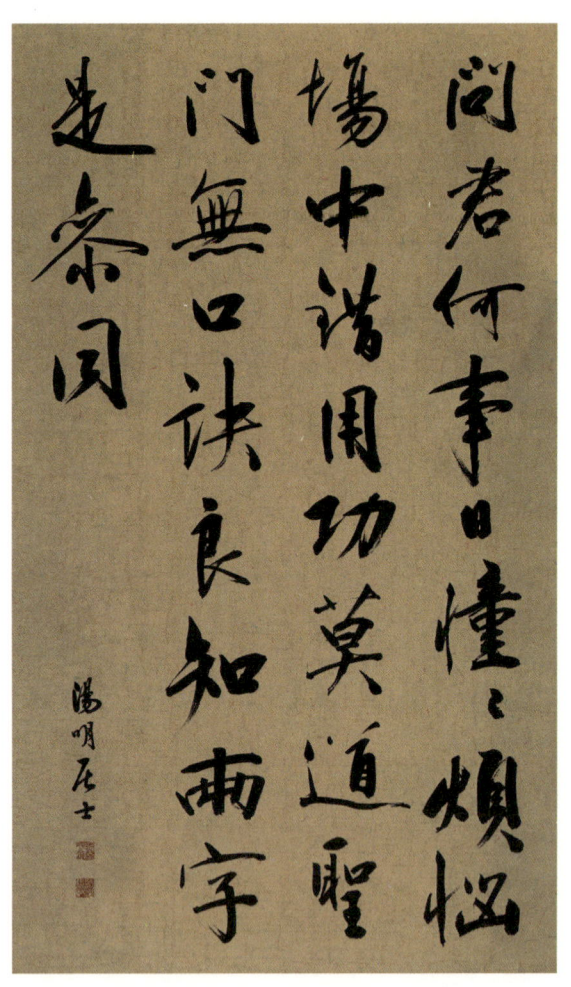

〔明〕王阳明 书

在一个夏天的黄昏,王阳明寄住在杭州胜果寺养病,被受人指使的两个刺客给挟持了。面对逃又逃不了,打又打不过的万分危局，王阳明眉头一皱，计上心来。

他先是将身上的钱送给刺客，并非常诚恳地说："两位兄弟与我无冤无仇，这次办差一定是奉命行事，我一点儿也不怪你们。只是，我是一个必死之人，这钱拿着也没有什么用处了，就送给两位作辛苦费吧！"两个刺客杀人无数，倒从来没有见过在死亡面前如此通达之人，便对王阳明说："我们是有命在身，不得已而为之。今日你不死，我们就得死！不过看在你如此配合的分上，你可以选择一个死法。"王阳明一听，非常感激地作了一个揖，说道："临死之前，能遇到两位兄弟，也是一种缘分。我一生潇洒自在，今日也想求一个自在死法。这样，我先拿钱置办一桌酒席，恳请二位与我豪饮一顿，然后，我就投江自尽，以完成二位的任务，如何？"两个刺客一听，便爽快地答应了。

酒过三巡，菜过五味，眼看着两个刺客已现出蒙眬之态，王阳明心知计已生效，又当场写了两首绝命诗，并嘱咐刺客想办法交给自己的家人。

接着，王阳明又灌了两人不少美酒，直至让他们彻底地进入了醉乡。这时，王阳明果决地起身，大步向江边走去。王阳明到达江边后，赶紧脱掉鞋子，摘下头巾，抱起一块大石头，扑通一声投入江中，制造了一个投江自尽的假象，自己则迅捷地躲进了江边的芦苇丛中。

不久之后，两个刺客醉步走到江边，看到遗落在沙滩上的鞋子和头巾，认为任务已经完成，便放心地回去复命了。

王阳明每逢大事有静气，从容应对，死里逃生　　　　陈石 画

王阳明认为良知能让人的心体纯净光明，自然能够在纷繁复杂之中看清一切，自然能够冷静从容地应对一切变化。王阳明之所以能达到"天下无难事"的胜境，与其对良知的深度挖掘、大力提升和精熟运用有很大的关系。

第十一章

王阳明平定宁王叛乱却被责骂,
他为何一点儿都不在乎?

何谓志士？王阳明认为："夫所谓志士者，以身负纲常之重，而志虑之高洁，每思有以植天下之大闲。"这里所谓的"天下之大闲"，就是天下的行为准则的意思。

何谓仁人？王阳明认为："所谓仁人者，以身会天德之全，而心体之光明，必欲有以贞天下之大节。"这里所谓的"天下之大节"，就是天下的纲纪、节操的意思。

志士、仁人有什么特点呢？王阳明认为，这两种人，都能做到遇变不惊、临危不乱，面对利害得失而不改变其志向和气节，即便是生死考验也难以改变其初心。

1519年，当宁王朱宸濠利用自己生日之机突然在南昌举起反叛大旗时，作为南、赣巡抚的王阳明原本是可以置身事外的。

其一，自始至终，朝廷并未将平叛的指挥大权授予他；

其二，当时的正德皇帝已自封为威武大将军，准备御驾亲征，过一把打仗的瘾。

在这种情形下，王阳明完全可以选择当一个旁观者和避让者，坐等皇帝的到来。但是在良知的主导下，王阳明并不是立足于一人一家的安危来考虑的。他想到的是，一旦宁王的叛乱目的得逞，国家必将陷入分裂，整个社会至少南中国将处于一种大动乱之中，届时，最苦的还是老百姓。

基于此，王阳明毅然地担负起了平叛的大任，率领两三万临时拼凑起来的军马向宁王的十万叛军发起了攻击。

但是，王阳明亦陷入了前所未有的危难之中……

究竟危难到了什么程度呢？

一无官。当宁王借生日之机发动叛乱时，江西全省官员基本都被打了个措手不及。上至巡抚，下至县令，要么被杀，要么被关押，要么被迫投靠了宁王。一夜之间，各级官僚机构失去了大脑中枢，陷入瘫痪之中。

二无兵。王阳明作为南、赣巡抚，是靠招选的民兵完成剿匪任务的。在平定匪患后，为减轻朝廷和百姓负担，他迅即解散了剿匪之军，放他们回乡经营生计去了。因而当宁王突然发动叛乱时,他已经没有多少兵可用了。

三无钱粮。宁王在控制住江西各级官员后,便同时派人收缴了各衙门的印信,将府库中的所藏钱粮全部搬抢一空,留给王阳明的,是一无所有。

四无实权。宁王叛乱发生后,朝廷并未及时反应过来,生性顽劣的正德皇帝在得知叛乱消息后,不是想着如何平

王阳明指挥临时组织起来的地方武装,平息了宁王叛乱

息这一叛乱，而是想着以威武大将军的名义率军到南方"潇洒"一番，因而既没有授予王阳明职务，也没有给他下达任务。

此情此景，此时此势，对大多数官员来说，要么选择逃避，要么选择事不关己，要么选择无可奈何，而独有王阳明，完全听从了自己内心良知的召唤，在"四无"的状态下高高地举起了正义的大旗，举起了平叛的大旗！

没有官，他迅速地将一批退休闲置在乡的官员召集起来，成为平叛的骨干和中坚力量。

没有兵，他迅速地将各县的衙役捕快组织起来，将南、赣已被改造好

陈石 画

的所谓"新民"招募聚拢起来,很快地组建了一支两三万人的军队。

没有将,他果断地打破常规,开启了"书生带兵"的先河,把几十名府县文官,调教成了敢于刀头舐血的武将。

没有钱粮,他大胆做主,先从两广积储的军饷中借,以解燃眉之急。

没有权,他以"忠义"二字激发文官武将之本然良知,收合涣散之心,使他们真正地成为自己的"同志",与自己同赴国难,共救国危。

当王阳明指挥的地方武装生擒了宁王朱宸濠时,宁王笑着问道:"这是我朱家的事,王都堂为何如此费心呢?"王阳明望着夕阳下升起袅袅炊烟的村落,淡淡地回答:"谁当皇帝,确实是你们的家事。但如果任你胡来,恐怕千万人、亿万人都将陷入水深火热之中!作为朝廷命官,我的职业良知告诉我,'天下之心皆吾之心也。'既然天下百姓都反对这场战争,都不愿意遭受战火离乱之苦,那我就必须操心这件事!"

平定宁王叛乱,王阳明可谓救了大明王朝一条命,立下了盖世奇功；但也正是因为这一奇功，让他遭受了无数官员的忌妒和眼红，各种流言、各种毁谤、各种非议、各种谩骂和责难，就像那漫天飞雪，冰冷冷、寒彻骨，直落到他的心上。

面对这种情状，面对学生们担忧的神情，王阳明丝毫不为所动，而是笑着问学生："你们知道其中的原因吗？"

有的学生说，是因为先生立下了旷世奇功，招来了天

陈石 画

王阳明对学生说，凡事但凭良知指引，根本不在乎别人怎么看、怎么说了

下的忌恨；也有的学生说，是因为先生文治武功都太出类拔萃，让那些无能的庸庸之辈自愧不如，由愧生忌，由忌生恨。

王阳明听了，淡然一笑，说："你们的话都有道理，但还是没有说到根上。最根本的原因是，在没有完全做到良知与言行统一之前，我对人对事还有些'老好人'的痕迹。可我自从完全地信奉良知以后，心情越发愉快，头脑越发清新，凡事但凭良知指引，根本不在乎别人怎么看、怎么说了。"

阳明心学乃强者炼心之学，"世俗之荣辱，决非君子之所为欣戚也"这句话告诉我们，世俗之人所谓的荣耀和屈辱，决不能影响一个真正君子的情绪，其欢欣之心与悲戚之情决不可能受其控制。真正的强者明白：世俗之所谓荣辱，就是在"个人得失"之中打圈圈；而君子之所谓欣戚，就是在"家国情怀"之中打造升华。

第十二章

王阳明带兵打仗
能够以弱胜强的法宝是什么?

五百年来，阳明心学之所以独具魅力，能够吸引一大批英雄豪杰追随，一个重要原因就是王阳明在用兵

"胜败由人，兵贵善用。"王阳明经常指挥"乌合之众"打败敌人

打仗上出神入化的艺术。所谓兵者，死生之地，存亡之道。一门学问能够在世上最危险、最复杂的斗争中得到检验，其信服力自然也就不是那些光说"空话"的学问所能比拟的了。

王阳明在军事上有四桩令人叫绝的奇迹：

第一，指挥一万多民兵和地方杂牌部队横扫几百个匪巢，彻底消灭了南、赣地区几十年来的匪患。

陈石 画

第二,指挥临时拼凑起来的两三万"乌合之众",把宁王十万叛军打得落花流水。

第三,仅凭一封恩威并施、情理并用的书信,让卢苏、王受及其率领的七万多名"叛军"心甘情愿地全部归服。

第四,主要依靠一万余人的"降兵",剿灭了盘踞在八寨、断藤峡的土匪,彻底根除了这一带百年来的匪祸。

以上奇迹的创造充分显示了阳明心学的巨大威力,这也是后来"成大事者"多仰慕阳明心学的重要原因之一。

"胜败由人,兵贵善用。"王阳明认为,决定战争胜败的关键在人,决定军队战斗力强弱的关键则在于赏罚手段的运用是否及时得当。"人人自有定盘针,万化根源总在心。"这一切,王阳明总是习惯于从心上寻找因果。

比如,如何才能用好赏罚手段去激励起兵士的士气呢?王阳明总结的一条经验是"赏不逾时,罚不后事",即赏罚一定要"及时"!过了那个时间再去行奖赏,等于没有奖赏;事情拖了很久再去搞处罚,等于没有处罚。统领军队者,该赏的时候不赏,该罚的时候不罚,那又如何能够把万千兵士之心凝聚起来,把万千兵士的士气激发起来呢?

比如，如何才能做到多打胜仗，少打败仗呢？王阳明总结了三条制胜的经验：一靠责任之专，二靠赏罚之重，三靠号令之肃。

有人问王阳明："用兵有秘诀吗？"

王阳明说："用兵有什么秘诀呢？只要学问精纯笃实，养得此心不动，就是最大的秘诀！凡是人的智能，相差都不是太远，决定胜负的关键，不仅仅在于临阵对敌的筹划，更在于主将者内心的动摇与不动摇。"

1519年，在江西南昌城外，宁王朱宸濠端坐在帅船上，召开紧急军事会议。一想到安庆城久攻不下，一想到自己的老巢南昌城已经被王阳明占领，一想到一场水战让自己损失了一万多军队、几百艘战船，朱宸濠气得咬牙切齿，不停地咒骂着王阳明。但气归气，急归急，骂归骂，仗还得打。

怎样才能让将士替自己卖命呢？朱宸濠把自己的全部家当都搬了出来，将数十万两白银一夜之间全部赏给了手下的将士，再一次激发起了叛军的狼性。

同一个晚上，在南昌城里的巡抚衙门里，王阳明召集官兵开会。面对次日之决战,面对数倍于己的叛军,面对已经被宁王用银子喂饱了的叛军,很多官兵都面露难色。

见此情状,王阳明作了精辟分析:"宁王的军队尽管还有好几万,但实际上已经是乌合之众,是一群没有丝毫意志的躯壳罢了。你们想一想,宁王的大部分将士都是南昌人,如今巢穴已失,内心能不慌乱吗?一支已乱了心的军队,还能有多大战斗力呢?明日一战,你们只管勇猛向前,我还给你们预备了两万精兵作为后援呢。"

官兵们一听,不由得眼前一亮,精神立即振作了起来。

凌晨,一心要扭转败局的朱宸濠指挥几万叛军不顾一切地向王阳明指挥的官军展开了冲杀,双方混战了一个多时辰,由于官军人数实在太少,武器装备又差,渐渐地落了下风,越来越难以支撑了。

万分危急之时,王阳明却与几个学生坐在帅船上,一边品茶,一边聊着学问,一边处置军情。只见一个参谋火急火燎地跑到王阳明跟前,大声地催促道:"先生,都什么时候了,您还在这里悠闲?前方这样危急,您预备的两万精兵呢?为什么还不派上?"

王阳明微微一笑,对身边的卫士说:"去把那两万精兵调出来吧。"卫士一听,立即爬上帅船的桅杆,解开绳子,将一块巨大的白布放了下来,只见上面写着几个黑字:"宁王已擒,各军不得纵杀。"由于字体巨大,老远就能看得到。

这下,大家都傻了。一个学生结结巴巴地问道:"先生,这……这就是你那两万精兵?"

王阳明笑道:"不是吗?你们想想看,宁王的将士今日之所以如此卖命,不就是冲着昨晚宁王给的那些卖命钱吗?现在我们告诉他们,宁王已经被擒,他们还会有心继续卖命吗?"

众人一听,恍然大悟。于是遵照王阳明的意思,扯开嗓子大喊起来:"宁王已擒,各军不得纵杀。"

随着一阵又一阵的声浪传播,宁王几万叛军顿时作了鸟兽散。"拿人钱财,替人消灾。"如今给钱财的人已经完蛋,自个儿还不赶紧跑呀!

就这样,一转眼之间,战场形势彻底反转,叛军溃散如雪崩,宁王心败如死灰。他怎么也没有想到,王阳明会有如此神招儿。

自人类产生战争这个"怪物"以来,不知有多少人,费了多少心血,在寻求克敌制胜的法宝和秘诀,而关于用兵制胜的方法和计谋,又何止万千百数。但是,能把最复杂、最多变的战场法则,简要地归结到"不动心"三个字上的,仅仅只有王阳明一人。

第十三章

王阳明如何通过『悔悟』来搭建自己进步的阶梯？

王阳明一生历经几多风雨，最终能够成贤成雄成圣，着实得力于"悔悟"二字。他说："悔悟是去病之药，然以改之为贵；若留滞于中，则又因药发病。"悔悟是去病的良药，但以能够痛改前非为最好。如果老是停留在悔悟的状态，则又犯了因药生病之症。

王阳明是如何通过"悔悟"来增益自己的修养之功呢？又是如何通过"悔悟"来搭建自己进步、提高之阶梯呢？

王阳明的一生是在"悔悟"中选定了圣贤之路。在他五岁那年，爷爷王伦将他的名字"王云"改为"王守仁"，实质上就是用代表儒家"全德"之最高境界的"仁"，对他的人生追求作了定位。

在爷爷看来，"仁"就是凡人所以能转化为圣人的金丹灵药。守住了"仁"，也就守住了人生的精神高地，守住了人生的道德高标。但令他后悔的是，自己原先根本没有领会到爷爷给自己改这个名字的真义！

在成长过程中，他尽管在少年时便立下了要当圣人的志向，但走的却并不是一条正确的修圣之道。他试图由仙入圣，结果呢，发现自己坠入了一种无边的枯寂和虚空之中，既对自身无益，又对家人无益，更对天下苍生无益。

与娄谅大师的一次对话，让王阳明在无比震撼中醒悟：追求圣贤绝不是"夸父追日"！然而此前，无论是在父亲那儿，还是在师友那儿，圣人就如天上的太阳，是可望而不可即的。

在不断的探索中，王阳明寻找到了自己几十年来一直寻求的成圣秘诀，它并不在遥远的天边，就在自己的心中。其实，只要自己的心中，一刻有"仁"，自己就是一刻的圣人；一天有"仁"，自己就是一天的圣人；一年有"仁"，自己就是一年的圣人；一生有"仁"，自己就是一生的圣人。反之，一刻不"仁"，即一刻为禽兽；一天不"仁"，即一天为禽兽；一生不"仁"，即一生为禽兽。

他终于悟到了，圣人之道，坦如大路。这条路，不在别处，就在每个人的心中。一人心中有"仁"，即一人为圣；一家心中有"仁"，即一家为圣；一国心中有"仁"，即一国为圣。从心所至，追贤逐圣，真可谓简易直截！

王阳明的人生在"悔悟"中打开了心学之门。格物是儒家修身的第一关。怎样才能过好这一关？

按照前贤朱熹先生的观点，"一草一木皆涵至理"。格啥物呢？青年王阳明看到庭院里种了一大片竹子，便邀了一个同学，一起开始"格竹子"。对着竹子研究啥呢？

两人对着竹林看了三天，除了腰酸、腿麻、眼昏花，一无所获。那个同学实在是熬不住了，便赶紧撤退了。王阳明呢？又接着坚持了四天，过度的疲劳加上本来体质就虚弱，最终，他大病了一场。

这一病，让王阳明的身体更加弱不禁风了，也让他后悔莫及，使他对老夫子的"格物说"产生了怀疑。

在觉悟中，王阳明独辟蹊径，他认为"格物"就是"格心"，就是"去其心之不正以归于正"。

王阳明把肥沃的土地比喻成一个人的初心。在万物复苏的时候，农夫们发现"善"苗与"恶"草同时长大长高，他们会毫不犹豫地除掉田地里的"恶"草,让"善"苗茁壮成长,这样,秋天就会得到丰收。

青年王阳明与同学一起"格竹子",看了三天、腰酸、腿麻、眼昏花　　陈石 画

这不就是"知善知恶是良知，为善去恶是格物"吗？能够分辨善念恶意时，心中的良知就已经显现；只要坚持善的、去除恶的，心中的格物功夫定会不断增强。

王阳明的人生在"悔悟"中找到了炼心之诀：一颗真正强大的心，一定是有着真善、真美、真情、真爱、真乐的心。虽然经历数次劫难，饱受谗言诽谤，但在"悔悟"中他的良知更加晶莹透彻，他的气象更加宏阔。

比如，刚到龙场，王阳明的心可以说苦到了极点。这颗苦到了极点的心，又是如何在很快的时间内，变成快乐的心呢？答案很简单，就是两个字——"劳动"！

从前，他对生活中的日常小事都不屑一顾，甚至认为洗衣、做饭、扫地、烧水等日常活动会影响学习圣贤之道。通过深刻的反省，他觉悟了：大学问也在家常日用之间。在劳动中，他找到了生命的真谛，找到了学问的根本，炼就了一颗"大

人"之心。

"营茅乘田隙,洽旬称苟完。初心待风雨,落成还美观。"在劳动中,他找到了安居之乐!

"素缺农圃学,因兹得深论。毋为轻鄙事,吾道固斯存。"在劳动中,他找到了耕耘之乐!

王阳明在劳动中找到了耕耘的快乐,找到了与群众打成一片的快乐　　陈石 画

"夜弄溪上月，晓陟林间丘。村翁或招饮，洞客偕探幽。"在劳动中，他找到了与群众打成一片之乐！

"讲习有真乐，谈笑无俗流。缅怀风沂兴，千载相为谋。"在劳动中，他找到了在山水中点化学生之乐！

在劳动中，他彻底放下了状元公子的架子，彻底放下了书生的架子，彻底放下了在功名利禄中追求生命之乐和生命之价值的幻想。所谓"富贵犹尘沙，浮名亦飞絮"，从而拥有一颗无比淡定、无比坦易、无比和悦的心！

后世学者，总以为圣人是完美的、无瑕的，从来就不会有缺点、过失和错误。殊不知，圣人首先是一个人，是个人，他就同常人一样，有七情六欲；有了七情六欲，就难免会有缺点、过失和偏好。不同的是，圣人通过自我修炼，能够不断反省自己的情感、情绪，他会格除人性的卑劣和丑恶，张扬人性的光芒，宏大良知的绚丽……

第十四章

为什么说王阳明一生有成雄和成圣两种状态?

王阳明三十年宦海生涯，基本上是两种状态：一是有事时成雄，以为国、为民做实际工作为主；二是无事时成圣，以教育学生、传播圣学为主。

中国历代的读书人在这两条路径的选择上，大体有三种情形：一种是热衷于科举，沉醉于官场，把官位升迁当作衡量自己人生价值的唯一尺度，当作生活幸福的唯一源泉；一种是把科举与学术完全对立起来，认为追求圣贤之学，就不应该再走仕途；还有一种是主张把科举与学术结合起来，把事功与讲学结合起来，相得益彰，持这种观点的，就是王阳明。

在他看来，人在官场修行，比躲在深山老林里修行，要艰难十倍，效果也要强上十倍。因此，王阳明一生尽管老是打辞职报告，但他始终还是没有放弃仕途、放弃事功。

他采取一种顺其自然的态度，有事时立功以成雄，无事时讲学以成圣。正是这两条路径的完美结合，才使得王阳明具有了他人不具备的风采。

身处仕途，王阳明有两个突出特点：一方面，他对做官的升迁看得极淡，一生向朝廷打的辞职报告就有十几次；另一方面，他对做官的责任和使命看得很重，他认为，"为人臣者，上有益于国，下有益于民，虽死亦甘为之"。为大臣者须有大心志，对上只要是有益于国家的事，对下只要是有益于人民的事，即便牺牲自我也心甘情愿。

所以，他成了伟大的军事家。在中国乃至世界的军事史上，他创造了以少胜多、以弱胜强、以最小的成本取得最

陈石 画

王阳明对做官的责任和使命看得很重，并且勇于担当，有事时成雄，无事时成圣

辉煌战果的典例,他的用兵之术,确实达到了出神入化的境地;他创立的心理战法,堪称前不见古人,后难有来者。

他也是伟大的行政管理家。无论是在庐陵做知县,还是巡抚南、赣等处,他都能通过"教、赏、罚"三种手段,迅速地恢复一个地方的社会秩序。

在退隐悠闲的岁月里,王阳明的思想和思悟一刻也没有闲着,特别是作为圣学使者,他对自己创建的以"良知"为核心的心学,作了系统的归纳和提炼,以期更通俗、更简易、更容易让人理解和信奉。他讲"个个人心有仲尼",就是告诉人们,每个人都具备圣人的基因,每个人的心中都有一个"孔子",每个人的心中都有良知之根。

他讲"莫道圣门无口诀,良知两字是参同",就是告诉人们,追求圣人之学,最好的捷径就是从"良知"入手。圣人之道其实并不难,平坦得如大路一般。

他讲"知得良知却是谁,自家痛痒自家知。若将痛痒从人问,痛痒何须更问为",就是告诉人们,想问题、办事情,是不是循良知而动,你自己一定知道,无须他人提醒。这就好像你身上有一处痒,究竟痒到何种程度,只有你自己知晓。致良知，关键在诚字，最怕的是自欺欺人。

对王阳明来说，破除各种山贼、叛贼，实在是易如反掌。所以他说："破山中贼易，破心中贼难。"

那么，怎么破除自己心中之贼呢？

王阳明开出了四个字的药方，即"省察克治"。他点拨学生说："平时没有事的时候，不妨将自己内心深处的毛病一一搜检出来，一条一条地作自我批判，一定要批判彻底，把病根拔掉，让它不再起来。对自己心中的贼

王阳明认为，破山中贼易，破心中贼难　　　袁泽兵　画

鼠，要像猫一样盯紧，眼睛要时时看着，耳朵要时时听着，发现有一只老鼠窜出来，就要迅猛地扑上去，死死地抓住它，斩钉截铁地干掉。等到抓得没有老鼠可抓时，你的心就达到圣人之心的状态了。"

那么，王阳明是如何抓住自己心中之鼠的呢？

在一个春阳暖人、春花醉人的日子，王阳明与几个学生远眺风景时，突然发现不远处有一块田地，山水环绕，他情不自禁地发出一声感叹："好一块风水宝地！"

一个学生听后，试探性地问了一句："老师，您也喜欢

王阳明面对美景，经历了一番与私心杂念的斗争

这块地?"王阳明爽朗地笑着说:"好东西谁不喜欢!人有良知,既能知善恶,也能辨美丑,又能明好坏。等我老了,如果能在这个地方搭个棚子,与你们一起讲学修心,那真是人间一大美事啊!只可惜,这块地不是我的!"

那个学生笑着说:"老师,这块地本来已经是您的了,可惜您没要。您还记得吗?前几天有个老农,因为缺钱用,特意来找您,说要把一块田地卖给您,您没有同意,对他说,'田是你的命根子,你若卖了地,解决了近忧,但将来的日子怎么过呢?'于是,您借给他一笔钱,且没有利

陈石 画

息，没有还款期限。那个老农的田地，就是您喜欢的这一块呀！"

王阳明听后，心中着实有些懊悔……但突然之间，如同一声春雷响彻天地，王阳明浑身颤抖了一下，心灵深处传来一声严厉的质问："王守仁，难道你的这种懊悔不是由贪欲引起的吗？"

王阳明对学生说："我刚才起了懊悔之心，就是贪欲泛起的表现啊！社会上各种诱惑实在太多，我们修心成圣的过程，就是与各种私心杂念作斗争的过程啊！"

王阳明是伟大的教育家，他强调要把"德育"摆在第一位。他更是伟大的思想家、心学家，他创立的良知之说，是儒家千古圣贤相传的一滴"真骨血"，并荟萃了佛家和道家的精华。

王阳明是把"仰望星空"和"脚踏实地"完美结合的人，是把官场与学场完美结合的人，是把举业与圣学完美结合的人。所以，他也就成了千古圣人。

第十五章 王阳明如何以『恶有恶报、善有善报』最大的天理做官的?

同古往今来多数有良知、有情怀、有责任心的士大夫一样,王阳明为官一方,也是"怀爱民之心、行爱民之政",其最大的目标就是让百姓"安居乐业、共享太平"。

这个太平世界从哪里来呢?主要应该靠谁来创造和建设呢?王阳明的思路和办法,仍是一以贯之,即万法由心。没有人心的太平,便没有天下的太平。

王阳明巡抚南、赣等处不久,给当地的老百姓讲过这样一句话:"无有为善而不蒙福,无有为恶而不受殃。"意思是,这世上,还没有人因为行善积德而不享受福报的,也没有人因为作恶多端而不遭受祸害的。这既是对百姓的教导,也是对百姓的警示。

赣州地区崇山峻岭、洞穴密布,只有飞鸟能和外界沟通,这自然是土匪的安乐窝。因为官兵来时,他们能轻易

王阳明巡抚南、赣等处，发现赣州地区山高林密，土匪成窝　　陈石 画

地化整为零，官兵一走，他们又重新聚合。所以四省组织过多次围剿，但收效甚微。

　　这里还有一个重要特点，就是民匪一家。山上的土匪在山下大多有亲人，土匪亲人的主要收入来源是经常给土匪通风报信，他们之间有深厚的感情，所以，这个地方被黑暗的恶势力笼罩着。

　　那么，怎么解决这个问题呢？王阳明发明了十家牌法。所谓十家牌法，就是要每家把家人的个人信息写到一块木牌上，挂在门口，十家为一牌，由指定的人当牌长，牌长手上有一份关于这十家的详细资料。

牌长每天挨家挨户查巡，先用手上的册子对照各家门口的牌子，然后对住户人口进行比照。

官府会随时搜查，一旦发现有"黑户"，倘若这个"黑户"来路不明或者就是土匪，那这家和编在一起的其他九家都要倒霉，都要受到处罚。这样一来，人人自危，而且每个人都能主动地去监视别人。

王阳明说，与土匪为友，本就是做恶事，十家牌法制度看上去没有人情味儿，实际上是激发老百姓内心的良知。人人都担心被别人连累，良知告诉他们，不能牵累那么多人，所以他们会拒绝土匪。即使土匪是他们的家人，他们也会想，为了自己的一个亲人，而连累了几十个人，良心实在不安。于是，他们会把藏匿于家中的土匪主动送到官府手中。

十家牌法施行后，赣州地区的土匪再也不能隐藏到人民群众中了，他们的生存空间被大大地压缩，最后被一举消灭了。

王阳明非常重视道德对于民心的化导作用，在惩恶扬善的过程中，他经常以菩萨心肠，使出霹雳手段。

在王阳明到江西吉安府庐陵县任知县之前，就有人告诉他，庐陵人特别喜欢告状，百姓之间、邻里之间，甚至父子之间，为了一点儿小事，动不动就相互告状。特别是有的人家为了打官司，不仅荒废了农活、生意，而且弄得倾家荡产。庐陵县的上一任县令许冲，他办公桌上每天都会堆积成百上千的诉讼案件。诸如此类的事情太多了，许县令无计可施，只好辞职了。

王阳明是如何根治这一歪风的呢？他经过调查发现，助长告状歪风的是那些以代写状纸为生的人，告状的人越多，他们的生意就越好。于是，他们专门干一些煽风点火的事，鼓动百姓打官司。

针对这一情况，王阳明用了一个更绝的办法，那就是明确三条规定：

一封告状信只能上诉一件事；

每封告状信不得超过两行；

每行不得超过三十个字。

违反这三条，不仅不受理，还要收取相应罚款。也就是说，你要代写状纸可以，必须用六十个字把事情写清楚。

在庐陵那个小县城，哪里找得到一个能用六十个字就把一件官司写清楚的高人呢？就这样，一夜之间，代写状纸之人便销声匿迹了。找不到代写状纸之人，老百姓遇到一些小矛盾，也就相互协商解决了。庐陵县沿袭了多少年的这一旧习乃至恶习，就这样解决了。

接着，王阳明趁热打铁，继续进行心灵改造，解决道德沦丧的问题。他恢复了朱元璋时代设立的"申明亭"和"旌善亭"。

"申明亭"属于"黑榜"：凡是当地的偷盗、斗殴或被官府定罪的人，都在这里公布，目的是警诫他人。

"旌善亭"属于"红榜"：凡热心于公益事业，乐于助人，为国家和地方作贡献的人，都在这里张榜表彰，树立榜样，目的是弘扬正气。

王阳明认为，为官应从民风察看民心，从治理一个地方的风俗入手，由难入易地治理一个地方官民的心性。

一个叫龙韬的官员为官清正，没有贪积什么不义之财，他退休后生活非常清贫，不但得不到官府的关心，得不到乡邻的接济，反而成了乡民讥讽的对象。

反之，那些在位掌权时贪污受贿，积累了巨额财产的官员，不仅自己得意扬扬，乡民也投之以羡慕的眼光，甚至还成了学习的"榜样"。

龙韬为官清正，退休后生活非常清贫　　　　　　　　陈石　画

面对这种以"廉"为耻、以"贪"为荣的恶俗，王阳明深感自己责任重大。为此，他特意到龙韬家中，以体现巡抚衙门对退休好官员的奖励。同时，他要求当地各级政府官员也要像自己一样对待退休好官员，从而在社会上形成一种"好有福报、坏有恶报"的良俗。

这世道，最大的天理是什么？恶有恶报，善有善报！一个社会，最大的公平正义是什么？行善有福，作恶遭殃！如此才能成就一个无违法、无懒惰、无争讼、无奢靡的和美社会。王阳明为官一任，便是成就他心中的太平之世。

第十六章

王阳明的「知行合一」仅仅是针对「书呆子」和「蛮干人」吗？

如果说，阳明心学是中国古代思想史上的一尊大鼎，那么，它的三条鼎足分别是什么呢？是心即理，知行合一，致良知。

那么，这三者是什么关系呢？

如果把阳明心学体系比作一座高高的宝塔，"心即理"是塔基，"知行合一"是登塔的梯子，"致良知"则是塔顶的明珠！

王阳明说："知是行的主意，行是知的功夫；知是行之始，行是知之成。"即，良知是行动的主导意向，行动是良知的落实功夫；良知是行动的开始，行动是良知的成果。

"大道即人心，万古未尝改。"王阳明之所以要高高地举起"知行合一"的思想大旗，主要是针对当时社会的三种人而言的：第一种是"先知后行"的"书呆子"；第二种是"知行脱节"的"蛮干人";第三种是"知行背离"的"两面人"。

其中,第三种人是最令王阳明忧虑的。当时官场很多人出现了严重的"人格分裂","外衣冠而内禽兽"。说的一套、做的一套,当面一套、背后一套,心里一套、行为一套,使整个社会沦落到了"不诚无物"的境地。正是在这种情况下,王阳明以一种前无古人的气魄,创立了"知行合一"之说。

王阳明的"知行合一",主要包含了两层意思:

第一层意思是,理论与实践的统一。这里的"知",主

如果阳明心学是一座宝塔,那么,"致良知"就是塔顶的明珠

陈石 画

要是指知识、理论；这里的"行"，主要是指实践、锻炼。

第二层意思是，良知与行为的统一。这里的"知"，主要是指良知。知行合一，实质上就是要求良知与行为的统一。对于这一点，王阳明特别讲道："我现在强调'知行合一'，正是要让人晓得，一旦心里有念头产生，便是行动的开始，而一旦发现自己的念头是不善的，就要立即将这个坏念头根除，决不能让它潜伏在心中。这，就是我倡导知行合一的宗旨！"

那么，怎样才能做到"知行合一"呢？王阳明教人修行的诀窍是四字箴言：事上磨炼。他说："人须在事上磨，方立得住，方能静亦定，动亦定。"他告诉人们，一个人要修行就必须通过具体事情去磨炼，这样才能站得住，才能做到无事安静时能定得住心，有事动乱时也能定得住心。

那是一个春天的早晨，阳光明媚，绿树婆娑。王阳明带着几个学生到江边散步。一个叫陆澄的学生问道："老师，怎样才能从根本上培植自己的心力呢？"

王阳明淡淡地一笑，说："很简单，就是要在'克己'二字上下苦功夫。克什么呢？克制自己的欲望，克制自己

王阳明告诉学生，一颗心要强大，就必须在事上磨　　陈石 画

的情绪，克制自己的痴好，克制自己的脾气，等等。能克得住这些，心才能真正地静得下，才能真正地定得住。"

"那么，怎样才能修炼自己的'克己'功夫呢？"陆澄忍不住打破砂锅问到底。

王阳明望了望远处袅袅升起的晨烟，慢慢说道："一把刀要锋利，就必须在石头上磨；一颗心要强大，就必须在事上磨，在日常生活中磨，在应对和处理每一个具体的矛盾上磨。比如，前几年，有一个我喜爱的学生，不知是被何人唆使，向朝廷告了我一个刁状，无中生有、捕风捉影地列举了我的一堆罪状。当朝廷将其转给我时，刚看了一个开头，我心中便有一股无名之火蹿了起来，恨不得将其撕碎，再扔进茅坑里去。但就在那一瞬间，一道心电闪过，我的心头突然一亮，'这不就是最难得的磨炼机会吗？'我一定要通过这件事把自己的心力锻炼得更强大一些。于是，我通过调匀呼吸，很快让自己的心境平静下来……可当我

郑文 画

王阳明的心境澄静之后，那些诽谤文字也就成了警示他的治心良药了

看到下一段文字时，一股火又禁不住蹿了上来，于是，我又通过调息制气，恢复了平静恬淡之境……如此，至少反复了七八次，我才把自己的心力真正地生发起来，把自己的心境真正地澄静下来。当我最后一次平静地看完那一段段文字时，不但没有丝毫气恼，而且，那些攻击我、诽谤我的，曾经触目惊心的文字，成了提醒我、警示我的治心良药！"

王阳明讲述的这一段生动的亲身经历，让陆澄等人幡然大悟，豁然开朗。几个学生禁不住齐声说道："老师，我等明白了，在平常安静时能保持定力不是真功夫，在纷乱动荡时能保持定力才是真本领！"

作为千百年来，能够做到立德、立功、立言"真三不朽"之人，王阳明的学问，博大渊深，简便实用。在立德方面，王阳明创立了"良知"之学；在立功方面，他担实任、干实事、出实效，无论是大事还是危局，他都能做到以最小的代价，取得四两拨千斤的效果。在立言方面，他通过孜孜不倦地教导启发学生来传播思想，尤其是他的书信，不论长短，都是倡导圣贤之学的宣传书。

指点江山,激扬文字。

四百多年后,伟大的思想家毛泽东在延安的一个小窑洞里对王阳明的这一心学论点作了更进一步的提炼和升华。

他在《实践论》中写道:"实践、认识、再实践、再认识,这种形式,循环往复以至无穷,而实践和认识之每一循环的内容,都比较地进到了高一级的程度。这就是辩证唯物论的全部认识论,这就是辩证唯物论的知行统一观。"

他预言:"世界到了全人类都自觉地改造自己和改造世界的时候,那就是世界的共产主义时代。"

那个共产主义时代,实质上就是每一个人都能够主动地改造自己的思想,改造自己的心灵,把自己的灵魂改造得更加高尚的时代,把这个世界改造得更加美好的时代!

第十七章

王阳明认为做好人好事的最高法则是什么呢?

天地之心与人心其实是一体的,在王阳明看来,所谓"为天地立心",实质上就是要为人类播下"良心"的种子,因为他知道,没有人心的太平,就没有万世的太平!

所以,王阳明反问:"心即理也。天下又有心外之事,

王阳明认为,做好人好事的最高法则,就是致良知

心外之理乎？"良心就是天理啊！这天下难道还有心以外的事情、心以外的天理吗？在他心中，做好人好事的最高法则，就是致良知。只要一个人的心中种下了"良心"的种子，就会自然而然地在一言一行、一举一动中放射出美德的光芒和正大的能量。

王阳明是如何做好人好事的呢？他践行的是明德与亲民。所以，他说："至善也者，明德亲民之极则也。"至善，是明德、亲民的最高法则。

何谓亲民？王阳明认为，"亲民"不仅仅是指在思想上

天地万物与人原是一体，其发窍之最精处，是人心一点灵明。

陈石 画

教化民众，而且要从感情上亲近民众，关心民众。用今天的话讲，就是为人民服务。

那么，如何才能为人民服务好？王阳明强调了两点：

一方面，一个人要光明自己的美好德性，不能空对空，必须在"亲民"的实践中去光明和彰显自己的美德。对此，王阳明一再强调：一个人要光明自己的孝之德，必须在亲敬父兄和长辈中去体现；一个人要光明自己的弟之德，必须在亲和自己的兄弟姐妹中去体现；一个人要光明自己的忠之德，必须在为国为民作贡献中去体现。基于此，王阳明得出结论："故明明德必在于亲民，而亲民乃所以明其明德也。"

另一方面，至善之境，是明德和亲民的最高标尺、最高要求和最高境界。对此，王阳明用比喻来说明这个问题，他说："离开至善去谈明德亲民，就像离开规矩去画方圆、离开尺度去量长短、离开秤具去计轻重一样，怎么能够做得到呢？"

一个人如何才算具有光明的德性？王阳明认为明德和亲民是一体的，是互为条件的。一个人、一个官员，只有发扬出自己先天的光明德性，才能真正地做到亲民，才能真正地做到全心全意为天下的人民谋幸福；同样，一个人的光明德性也只有在为人民服务的实践中彰显出来。

古往今来，当官大抵有三个层次：

最低的层次是：一个人为官几年或几十年，只落得身后骂名滚滚来。

中间的层次是：一个人当了几十年的官，基本上是浑浑噩噩，坏事没做什么，好事也没做什么，以"平庸"换得"平安"，到哪里都是大雪无痕。

最高的层次是：一个人在一个地方为官时间虽然不长，但所做的每一件事，都经得起历史的检验，都受到了百姓的拥戴，且越是风吹雨打，越是彩虹灿烂。

王阳明为官，就达到了最高的层次。

当今中国，有两千多个县级行政区，其中有三个就是王阳明亲自提议设置的，即广东的和平县、福建的平和县和江西的崇义县。

为什么王阳明在一举平息了广东、福建、江西、湖南九个州府的匪患以后，不是急于向朝廷表功请赏，而是急

于和平地方设建县治，以控制瑶峒；兴起学校，以稻风易俗。

王阳明平息匪患后，不是急着请功，而是请求添设县治，兴办学校　　陈石 画

于请求添设县治，兴办学校呢？

这就与王阳明为官的宗旨有关了！

王阳明为官，究竟以什么为宗旨呢？一切为了百姓，一切为了长远。在他看来，治民就是治心。只有添设县治，管控人心，才能防止土匪死灰复燃；只有兴办学校，教化人心，才能移风易俗，以保长治久安。

按常理算，凭空新建一座县城，没有几年工夫是不行的。可王阳明在广东、福建、江西新建的这三个县，由于充分调动和利用了老百姓的积极性，大家争相"凿山采石、挑土筑城、砍伐树木、烧造砖瓦"，几个月就大功告成了。

做好人好事，如何成其大道呢？当一个人达到了"以天下为一身"的境界时，他心中装的就不仅仅是一个人的利益得失，而是天下人的饥寒、温饱、苦甜、康健，是忧天下之忧、乐天下之乐了。到这个时候，才算是与天下人同心同德。能够与天下人同心同德，又如何不能吸引和带领天下人同行呢？

我们知道，古代公文是最苍白枯燥的。但从王阳明的一封封公文中，我们看到了其中最真挚的感情。

面对百姓遭受的天灾（水、旱灾）和人祸（战乱），王阳明反复向朝廷陈述，无丝毫之隐瞒。他的公文饱含了大赤诚。

面对朝廷反复无常的政策，面对户部下达的一会儿免征、一会儿又催缴的前后矛盾的指令，王阳明既痛苦，又愤怒，更伤心。他的公文饱含了大悲悯。

面对极为矛盾困难的情况，他既站在朝廷职能部门的立场，体谅"国计之忧"，财政空乏；又站在老百姓的立场，提出分步实施的方案。他的公文饱含了大智慧。

…………

1528年，王阳明在"不折一矢、不戮一卒"的情况下，

"此心光明，亦复何言！"王阳明说完，便带着他澄明的良知去见往古的圣人了

平定思恩、田州之乱，数万名守备兵全部解散。由于病情不断加重，万不得已，王阳明踏上了回乡的归途。此后不久，他病逝于江西大余县。临终前，他的学生问有何遗言，王阳明淡然答道："此心光明，亦复何言！"王阳明带着他坦荡的胸襟、澄明的良知、纯粹的心体去见往古的圣人了。

王阳明伟大的灵魂和抵达圣人的智慧，永远充满哲思地栖居在中华民族广袤的大地上。

以光明之心照耀未来，以光明之心照耀天下，以光明之心推动自然、社会的大改造——全心全意为人民服务，全心全意为国家服务，以达"万物一体之仁"的太平世界。

陈石 画

附　录

王阳明的"七"句名言

第一句是："**破山中贼易，破心中贼难。**"

这句话，点明了阳明心学的修行真谛。这个心中之贼，就是"私欲"。每个人生下来，都有一个良知，也都有一个"私"贼，良知与私贼的斗争，伴随每个人的一生。

第二句是："**人须在事上磨，方立得住。**"

这句话，点明了阳明心学的本质特征：阳明心学不是虚论之学，而是实践之学。修习阳明心学最好的途径，就是通过一件又一件具体事情去磨砺。离开了具体实践，离开了在生活中去面对问题、去解决问题的历练，离开了对复杂矛盾的处理，也就没有阳明心学。即便是有，也是纸上心学。

第三句是："志不立，天下无可成之事。"

这句话，点明了阳明心学的鲜明特质：阳明心学是一门立志之学。王阳明一生讲学，鼓励得最多的就是要学生"立志"，立定做圣贤之志，立定光大良知之志，立定康济天下、兼济苍生之志。

第四句是："良知是你的明师。"

这句话，点明了良知对人生的重要性。每个人生下来，上天都给你配了一个高明的老师，这个老师的名字就是"良知"。有了这个老师，你便能分辨是非、区别善恶、判断真伪。每当你遇事处于茫然之时，你无须翻书，也无须问人，只要真正静下心来，问一问自己内心的良知，你便能知道事情该如何看，事情该如何办。对父母，你自然会用一个"孝"字；对朋友，你自然会用一个"信"字；对国家、对人民，你自然会用一个"忠"字。

第五句是："种树者必培其根，种德者必养其心。"

这句话，让我们领悟到，要把树种好，一定要从根上培养起；要把德育好，一定要从心上培养起。在王阳明看来，应让每个人的心中拥有良知之神。良知之神，确实能够致广大而尽精微，不仅能通百家，也能通万物。

第六句是:"满街人是圣人。"

这句话,充分体现了阳明心学的人民性和平等性。在王阳明看来,人,来到世上,都是平等的。每个人都具有做圣人的根基,因为每个人都有自己的"良知";每个人都具有做圣人的可能,只要用良知约束好自己的私欲,就迈进了成为圣贤的门槛。这世上,尽管每个人能力不同、地位不同、背景不同、条件不同……但只要立下圣人之志,并刻苦修行,就有可能成为圣人,能量大的成为大圣人,能量小的成为小圣人,最终是"人人自有,个个圆成"。

第七句是:"与其为数顷无源之塘水,不若为数尺有源之井水。"

这句话,道破了修习阳明心学成功的重要心诀。王阳明一生,为学主张"精一",修行主张"专一",逢疑遭惑时强调"主一"。在他看来,无论是修德、修学,还是事功、事业,都应当从"一"出发,只有在"一"的方面把功夫下足了,下够了,下透了,才能收到"一生二、二生三、三生万物"的效果。尤其是在研学问、明学术方面,每个人都应该给自己"挖上一口井",使自己的心时时能得到浸润,不至于焦枯。